Nuestra menopa

Divulgación/Autoayuda

Últimos títulos publicados

Anna Freixas

Nuestra menopausia

Una versión no oficial

PAIDÓS

Barcelona
Buenos Aires
México

Cubierta de Mª José del Rey
Imagen de cubierta: Stock Photos

ISBN: 978-84-493-1987-7
Depósito legal: B. 1.200/2007

Impreso en Hurope, S.L.
Lima, 3 - 08030 Barcelona

Impreso en España - Printed in Spain

A la memoria de Enric Folch Ríos, tan querido

Sumario

Agradecida

Para llegar a configurar este libro he dado la lata a un montón de personas por la ingente cantidad de dudas que me han acompañado, *comme d'habitude*. Sólo la recopilación de la información ha precisado la colaboración desinteresada de muchas personas, que han hecho posible este trabajo. En primer lugar, de las ciento treinta y cinco mujeres de nuestro país, y de mis contactos en Nicaragua y en Argentina, que, generosamente, me han prestado sus palabras y han recabado las de otras mujeres. De todas ellas, Cristina Conejos se lleva la palma, con su dulce tesón.

A mi edad dispongo, afortunadamente, de una red enmarañada de amigas que me sostiene. Como es lógico, a lo largo de la redacción de este texto he recurrido a muchas de ellas, pero he buscado especialmente la mirada de mis médicas feministas para obtener su «visto bueno» y con ello la tranquilidad que necesitaba desde mi ignorancia del aspecto clínico. El pensamiento crítico de Nati Povedano y sus atinadas puntualizaciones han supuesto un estímulo y una seguridad cuando temía «pasarme».

11

A mi «peña» le debo todo, como siempre, pero en el latoso trabajito de lectura crítica y revisión del manuscrito final —que sólo se hace por amistad—, les agradezco sus diversas habilidades. A Caleli Sequeiros, la visión global, precisa, desde el encuentro mágico; a Dolores Juliano, la coherencia, el difícil arte de detectar las contradicciones; a Marina Fuentes-Guerra, la lógica interna, el orden de los factores que sí altera el producto; a Marisa Calero, la bendición lingüística y las risas; a Heide Braun, la lectura minuciosa, la corrección atenta y exacta, la mirada, y a Juan Serrano, el apoyo logístico y moral. Cada una de ellas me ha dado informaciones necesarias para revisar el texto, quitar, poner, reordenar, pulir. Sus sugerencias han hecho que el texto sea más certero.

A Juana Castro, en la vorágine de su vida de hija experta y abuela aprendiza, le pedí que rebuscara un poema para enmarcar el libro, pero ella prefirió fabricarlo «especialmente para la ocasión», lo cual supone un lujo emocionante para mí y la constatación del sutil hilo de reconocimiento que nos une desde que tuvimos la suerte de conocernos.

El prólogo de Carmen Valls tiene un gran valor afectivo e intelectual para mí.

El lío editorial se lo han llevado Carme Castells y Rosa Bertran, con quienes el recuerdo de Enric Folch traza un delicado vínculo de permanencia y afecto.

Deudora

Afortunadamente hoy disponemos de información de gran calidad para documentarnos suficientemente sobre la menopausia. Diría que hay una notable cantidad de libros y artículos de dificultad variable para todos los gustos y necesidades.

En mi caso deseo destacar el beneficio que para la comprensión de este proceso, y en general de la salud de las mujeres, han supuesto algunas autoras a quienes reconozco mi deuda intelectual y, sobre todo, les agradezco la felicidad que me proporciona el disponer de un marco explicativo ingenioso, sutil y descarado. Algunas han sido importantes, imprescindibles, en la redacción de este texto; otras lo han sido en mi interpretación del ciclo vital a lo largo de los últimos años. Todas ellas están entremezcladas en mi mente y en mi cuerpo de mujer afortunadamente sin regla y ¡sin reglas!

Para las curiosonas, ellas son:

Arnedo, Elena (2003), *La picadura del tábano. La mujer frente a los cambios de la edad*, Madrid, Aguilar.

Friedan, Betty (1993/1994), *La fuente de la edad*, Barcelona, Planeta.

Greer, Germaine (1991/1993), *El cambio. Mujeres, vejez y menopausia*, Barcelona, Anagrama.

Gullette, Margaret (1997), *Declining to decline: Cultural combat and the politics of the midlife*, Charlottesville, VA, University Press of Virginia.

Northrup, Christiane (2001/2002), *La sabiduría de la menopausia*, Barcelona, Urano.

The Boston Women's Health Book Collective (2006), *Our Bodies, Ourselves: Menopause*, Nueva York, Simon & Schuster.

Valls Llobet, Carme (2006), *Mujeres invisibles*, Barcelona, Debolsillo.

Prólogo

No somos *niñas* dos veces; lo somos siempre,
pero nuestros juegos son más peligrosos.

SÉNECA

Estamos delante de un libro imprescindible para atender y entender los peligros que acechan a nuestros juegos vitales, de la mano de Anna Freixas, cordobesa de elección, como Séneca lo fue de nacimiento. Desde que la conocí, hace ya más de veinte años, cuando iniciaba la descripción del proceso de envejecimiento de las mujeres, ha profundizado cada vez más en los obstáculos, sutiles o explícitos, que han hecho del proceso de envejecer un lamento más que un goce, una propuesta social al miedo más que a la alegría de saberse vivas, a la alegría de compartir placeres pequeños o grandes. Y ella, que propugnaba metafóricamente «pasar a las manos», a la acción, desde sus primeros libros y artículos, ha conseguido en este libro que sus manos mentales se introduzcan sin miedo y sin pausa en uno de los grandes miedos que se han alojado en la mente de las mujeres en los últimos quince años. El miedo a la menopausia.

Me negué hace años a hablar de la menopausia; prefería hablar de los problemas de salud que se presentan más allá de los 50 años, y de la prevención biopsicológica y social necesaria para unos seres humanos que esperan vivir treinta y cinco años más con su cuerpo y con su mente, disociados por su entorno y

15

unidos por su propia experiencia. Después de años de pasar de puntillas sobre este periodo de las vidas de las mujeres, dirigido hábilmente por el marketing de algunos productos farmacéuticos, se quiso unir la menopausia a todo lo que significara pérdida de vida, dolor y decrepitud corporal, hipertrofiando el papel de la pérdida de la menstruación, que es percibido en general como un alivio y una fuente de regeneración de la energía corporal, ya que no se pierde hierro mensualmente. Más que una mejora de la información que recibían las mujeres, se inició una nueva etapa en la que la divisa fue el miedo. Miedo a la pérdida, miedo a la osteoporosis y, como dicen muchas pacientes al consultar su angustia, «miedo a que me pase como a mi madre». Este conjunto de miedos, y sin evidencia científica de buena calidad, provocó el intento de tratar «a todas las mujeres después de la menopausia y para siempre» en palabras de una catedrática de ginecología, que rectificó diez años después.

Por todo ello, y porque siempre me ha interesado investigar sobre la vida y sobre las causas que limitan o impiden su calidad, me negué a hablar de menopausia. Pero el libro que tenemos delante es diferente, porque Anna Freixas no se ha arredrado ante ningún prejuicio, porque parte de la experiencia y de las sensaciones de las mismas mujeres que respondieron su encuesta, pero también de las expertas que en todo el mundo han reflexionado sobre el tema. Y al leerlo, creo que todas y todos podrán comprobar que se trata de un análisis profundo y certero de los retos que se presentan a partir de la menopausia y que con un discurso riguroso pone barreras y desenmascara las ideas falsas y los prejuicios con los que se ha querido manipular la mente y el cuerpo de las mujeres en los últimos quince años.

De hecho, estamos en un momento de transición, dentro de la ciencia médica, respecto a la salud de las mujeres. Transición porque, de ser estudiadas a través del modelo masculino como normalidad, y tener muy poca información acerca de lo que pasa con la menstruación o con la menopausia, temas considerados tabú, hemos pasado a hipertrofiar los problemas que se desprenden de la misma y a hipertratar este periodo con altas dosis hormonales, para continuar desconociendo la menstruación como indicador de la armonía corporal. Y esta transición y el exceso de terapia hormonal administrada no es sólo una moda sin importancia, que por pasajera no habrá dejado más secuelas que los gastos hechos sin necesidad, sino que ha provocado graves problemas de salud, como el incremento de las patologías cardiovasculares o el de cáncer de mama.

Estudios epidemiológicos basados en datos de incidencia de cáncer de mama entre agosto de 2002 y diciembre de 2003, en Estados Unidos, han demostrado por primera vez una clara disminución de un 7% de la incidencia entre todas las mujeres y de un 15% entre las mujeres de 50 a 60 años, datos que se han atribuido a los límites de la terapia hormonal en la menopausia que se divulgaron a partir de la mitad de la década de 1990, cuando se inició un gran estudio epidemiológico, el *Women's Health Initiave*, pagado con dinero público, que ha hecho un seguimiento de mujeres a partir de la perimenopausia y de la menopausia, con diversas estrategias de promoción de salud y diversas dosis de tratamiento. Precisamente este estudio confirmó la relación entre la terapia hormonal sustitutiva y la mayor incidencia de cáncer de mama, que ya habíamos sospechado desde el Congreso de Mujeres y Calidad de Vida del año 1990 en Barcelona.

Ha sido dura, tanto para las expertas y expertos como para las mujeres, esta etapa de transición, sin ciencia, sin conocimiento y con el repetido bombardeo de que quien no se trata-

17

ba estaba despreciando los grandes avances de la civilización, y prefería ir en carro que en coche de alta cilindrada. Nos hemos movido sin recursos, y nos han faltado puentes y mediadoras que nos permitan reencontrarnos con la experiencia de nuestras madres, de nuestras abuelas y de nuestras propias hermanas mayores. Que nos permitan amarrarnos a la vida, en lugar de levantarnos cada día con la angustia del miedo a la muerte y a las pérdidas. Y éste es el trabajo que viene haciendo Anna Freixas desde hace años, desde su tarea tanto docente como investigadora. El papel de una hermana que se enfrenta a los mismos problemas que las demás y que, con su aguda mirada afilada con la perspectiva de género, nos hace de mediadora entre nuestra experiencia, la experiencia de las otras hermanas y de las que se han adentrado en el mundo de la ciencia.

Deseo parafrasear aquí una parte de la introducción a Séneca de María Zambrano[1] que me ayudó a redescubrir a este clásico, ya que creo que viene como anillo al dedo para describir, en mi opinión, el trabajo de Anna Freixas, aunque me permito sustituir el masculino singular por el femenino singular que ella representa para mí:

> Si *ella* nos atrae es porque pertenece a una rara especie de *mujeres*, a esas que no han sido enteramente una cosa sino para ser otra, a esas de naturaleza mediadora que a manera de un puente se tienden entre nuestra debilidad y algo lejano a ella, algo invulnerable de lo que se siente necesitada. No es una *pensadora* de las que piensan para conocer, embaladas en una investigación dialéctica, ni tampoco la vemos lanzada en la vida, sumergida en sus negocios y afanes y ajena al pensamiento. Es propiamente una *mediadora,* una mediadora por lo pronto entre

1. Zambrano, María (1994), *Séneca*, Madrid, Siruela.

18

la vida y el pensamiento, entre este alto *logos* establecido por la filosofía griega como principio de todas las cosas, y la vida humilde y menesterosa.

Porque el pensamiento que de *ella* mana no es coactivo; y tiene algo de musical. Vemos en ella a una *médica*, y más que una médica a una *curandera* de la filosofía que sin ceñirse estrictamente a un sistema, burlándose un poco del rigor del pensamiento, con otra clase de rigor y otra clase de consuelo, nos trae el remedio. Un remedio menos riguroso que, más que curar, pretende aliviar, más que despertarnos, consolarnos.

Y éste creo que va a ser el resultado de este libro sobre nuestros cuerpos y nuestras vidas, sobre nuestras sensaciones ante esta etapa vital, que más que vivirla como una pérdida, podemos vivir como una nueva oportunidad, tomadas de la mano con la sabiduría de las que piensan, y con la ciencia de las que hacen. Anna Freixas logra crear estos puentes mentales y esta mediación entre las experiencias, la ciencia y el camino que hemos de recorrer hacia nuestro futuro. Por eso creo que debemos agradecerle la audacia y la valentía de introducirse en este campo que aparentemente era árido, y hacernos ver que el futuro no está determinado, sino que lo vamos construyendo día a día con el ejercicio de nuestra responsabilidad y de nuestra libertad.

CARME VALLS LLOBET
Médica
Directora del programa Mujeres,
Salud y Calidad de Vida. CAPS.

Mujer mirando al sur

Mi abuela se sentaba al sol
esperando la muerte,
al sol vestida de luto con sesenta
años la sentaban
en la silla de anea
cada día a esperar
la muerte.
Siete hijos mi abuela pero
no conoció varón.

Cuando quise
preguntarle a mi madre mil pedazos
autistas me miraban sin verme.
Madre y virgen mi autista
rasgándose en el frío,
estudia hija estudia,
la mano el libro el chocolate
el cuerpo
el cuerpo las estrellas el bosque
las palabras el cuerpo
la película el vino la carne
del melón rajando mi garganta
relámpagos el zumo la sandía,

21

no se hace eso no se hace,
las siestas y las sábanas
mi secreto
pecado solitario.

La vela que en mi mesa
se agota y se deshace
también llega a su fin.
Pero el cuerpo, esta savia
venida de mi madre de mi abuela
me explota aquí en las sienes
en el sol y en la sangre
la granada
que es una y mil granadas
licuándose
calidoscopio azul mis dientes
el clítoris la luna la vagina
los limones candelas
ese tronco de encina quemándose
mi cuerpo
que no se apaga nunca
que no se acaba nunca

mi brindis
ese brindis de autista para siempre.

De aquellas.
Por aquellas que en mi vientre se estrenan
y en el cielo
rieron y reirán.

JUANA CASTRO

1

Una forma más cómoda y distendida de ser mujer

> Estoy cada vez más convencida de que sólo el deseo de compartir una experiencia privada y muchas veces dolorosa puede capacitar a las mujeres para crear una descripción colectiva del mundo que será verdaderamente nuestro.
>
> ADRIENNE RICH[1]

El color del relato cultural sobre la menopausia ha sido sistemáticamente tirando a negro. De acuerdo con él, en la menopausia se concentran un cúmulo de problemas y amenazas para las mujeres que van del infarto a la depresión, de la frigidez a la osteoporosis, de la depresión al envejecer, entre otros posibles males, que llevan a que cualquier persona que los interiorice, la tema y no sin razón. Junto a este discurso oficial, negativo y atemorizante, no encontramos otro que incluya una relación de las ventajas que la transición menopáusica tiene para las mujeres. Hay un mutismo sospechoso acerca de sus posibles bondades, quizá temiendo que pueda producirse un entusiasmo colectivo y contagioso por parte de las mujeres

---

1. Rich, Adrienne (1977/1996), *Nacemos de mujer. La maternidad como experiencia e institución*, Madrid, Cátedra, pág. 51.

«afortunadamente sin regla». Una rebelión de mujeres mayores, sabias y libres. No todo puede ser malo, nos decimos con frecuencia; debe tener también algunos beneficios. Hace mucho tiempo que me pregunto por qué no encontramos, en los estudios y publicaciones sobre la menopausia, una versión acerca de esta experiencia en la que se oiga la polifonía de voces, alegres, tristes, despreocupadas, interrogantes, que seguro constituyen la experiencia menopáusica.

Desde hace ya algunos años diversos aspectos de la vida han empezado a ser estudiados a través de sugerentes investigaciones en las que se escucha la voz de las personas implicadas, hombres y mujeres concretos, que a través de sus relatos proporcionan una visión de su experiencia, su propia definición y el significado que para ellas y ellos tiene determinado hecho vital: qué sienten, qué desean, cómo viven, qué temen, qué obtienen, cómo se manejan con el placer y el deseo, con el malestar y el desencuentro. Este tipo de investigación se aleja de lo que tradicionalmente se ha entendido como «estudios científicos»; sin embargo, poseen una importancia incalculable en la medida en que nos acercan a la realidad y otorgan valor a la subjetividad.

Una de las pioneras en este tipo de investigación ha sido Shere Hite,[2] quien a través de sus diversos informes ha ido documentando y ordenando las diferentes narraciones de las mujeres sobre la sexualidad y la vivencia de los vínculos afectivos, informes que en algunos momentos fueron acogidos con cierto aire de indiferencia por la comunidad científica, pero que con el tiempo han recibido el reconocimiento de otros in-

2. Hite, Shere (1977), *El Informe Hite. Estudio de la Sexualidad Femenina*, Barcelona, Plaza & Janés.

vestigadores e investigadoras. Unos y otras han señalado el valor de este tipo de investigación, al insistir en la necesidad de que la experiencia personal no sea estudiada sólo desde fuera, a través de la reflexión de las personas expertas, sino desde los relatos proporcionados por la gente común. En ellos se da espacio a la voz de las diferentes personas acerca de sus experiencias, en el caso de Shere Hite relacionadas con la sexualidad y el amor, y, en lo que pretendo realizar en este trabajo, sobre la vivencia de la menopausia.[3]

Así pues, un buen día decidí averiguar por mi cuenta y lancé una pregunta al respecto con el fin de obtener una versión libre, no oficial, de la vivencia de la menopausia partiendo de la voz de las propias mujeres, tratando de conocer los aspectos positivos y negativos, la relación de ésta con el deseo y la sexualidad, los temores de que se partía y en qué medida éstos se han visto cumplidos o no. Pero, sobre todo, me interesaba obtener información acerca de las estrategias que se pusieron en práctica en este periodo y cómo se evalúan en términos de eficacia. Ciento treinta y cinco mujeres me hicieron llegar la narración de las luces y sombras de su vivencia en esta transición vital, contestando cinco preguntas de un cuestionario abierto sobre el tema. Un pequeño microcosmos, no el universo. A partir de las palabras de estas mujeres —que me han prestado su experiencia para que me haga una idea del amplio y colorido caleidoscopio que es la menopausia— y del tiempo que llevo reflexionando y estudiando sobre la vida de las mujeres en la mediana edad y la vejez, he extraído ideas que me parece necesario compartir y que pueden ayudarnos a todas a mirarnos, a nombrarnos. Una versión «no oficial».

3. Giddens, Anthony (1992/1998), *La transformación de la intimidad. Sexualidad, amor y erotismo en las sociedades modernas*, Madrid, Cátedra.

A lo largo del texto he incluido fragmentos de los diversos discursos de las participantes —en forma de frases, como pequeños incisos— que, a mi entender, iluminan el sentido del escrito o sirven para corroborar en sus palabras los argumentos que voy desgranando en las páginas del libro. Dado el carácter anónimo de las aportaciones, no incluyo ningún dato de identificación, entre otras cosas porque el elemento que he considerado central ha sido el contenido y no la peculiaridad de cada una de las mujeres. A todas ellas reconozco su autoría y agradezco su saber, sin el cual este libro no existiría.

Menopausia

Hasta ahora,
las mujeres del mundo la han sobrevivido.
Sería por estoicismo,
o porque nadie les concediera entonces
el derecho a quejarse,
que nuestras abuelas
llegaron a la vejez
mustias de cuerpo
pero fuertes de alma.
En cambio ahora
se escriben tratados
y, desde los treinta,
empieza el sufrimiento,
el presentimiento de la catástrofe.

El cuerpo es mucho más que las hormonas.
Menopáusica o no,
una mujer sigue siendo una mujer;
mucho más que una fábrica de humores
o de óvulos.
Perder la regla no es perder la medida,
ni las facultades;
no es para meterse cual caracol

27

en una concha
y echarse a morir.
Si hay depresión,
no será nada nuevo;
cada sangre menstrual ha traído sus lágrimas
y su dosis irracional de rabia.
No hay pues ninguna razón
para sentirse devaluada.
Tirá los tampones,
las toallas sanitarias.
Hacé una hoguera con ellas en el patio de tu casa.
Desnúdate.
Bailá la danza ritual de la madurez.
Y sobreviví
como sobreviviremos todas.

GIOCONDA BELLI[1]

1. Belli, Gioconda (1998), *Apogeo*, Madrid, Visor.

2

Pero ¿de qué hablamos cuando hablamos de menopausia?

> La menopausia es, probablemente, uno de los temas con menos *glamour* que podamos imaginar, lo cual resulta bastante interesante, ya que es uno de los pocos temas que mantienen trazas y restos de tabú.
>
> URSULA K. LE GUIN[1]

El término «menopausia» fue utilizado por primera vez en 1816 por el médico francés C. P. L. de Gardanne, quien la describió como *la edad crítica* y también como *el infierno de las mujeres*. Mal empezamos. En los últimos años del siglo xx la interpretación y explicación sobre la menopausia se ha convertido en un tema de gran calado, no sólo como un proceso individual sino también como un hecho social, dadas las diferentes posiciones que la medicina y el pensamiento feminista mantienen al respecto. Podemos considerar que es una de las cuestiones relativas a la salud más controvertidas de las últimas décadas, en la que las perspectivas resultan bastante antagónicas. Como si de un partido se tratara, históricamente se

---

1. Le Guin, Ursula K. (2001), «The Space Crone», en Mary Crawford y Rhoda K. Unger (comps.), *In Our Own Words. Writings from Women's Lives*, Boston, McGraw Hill, págs. 136-139, aquí pág. 136.

han sostenido dos enfoques básicamente irreconciliables. Por un lado están los planteamientos biomédicos que la conceptualizan como un déficit hormonal que debe ser tratado para evitar el cúmulo de pérdidas y deterioros que conlleva, y por otro se encuentran las teorías feministas, que la entienden como un proceso natural y esperable en la vida de las mujeres, que supone pérdidas y también ganancias, de la misma índole que el resto de transiciones evolutivas a lo largo del ciclo vital.

Para hablar de la menopausia se utilizan diversos términos: «perimenopausia», «climaterio», «premenopausia» y «posmenopausia». Ann Voda[2] la define como la cesación permanente de la menstruación como resultado de que la actividad folicular del ovario ha cumplido su ciclo y explica la perimenopausia como la transición que empieza con el primer sofoco y termina cuando se cumple un año desde la última regla. Como todas las mujeres sabemos, éste es un periodo de duración indefinida que empieza varios años antes de la menopausia y sigue varios años después. Así, lo que conocemos como «menopausia» no es un hecho concreto, sino un periodo de tiempo de duración indefinida (entre tres y seis años) en los que una mujer se sitúa en una nueva fase fisiológica vital, que incluye el cese de la ovulación y el descenso de los niveles hormonales.

La menopausia conlleva cambios hormonales, al igual que la menarquia. El principio y el fin del periodo reproductivo está marcado por fluctuaciones importantes de las hormonas sexuales. Durante la pubertad, el sistema reproductivo hormonal se está preparando para la actividad, y durante la perimenopausia se está preparando para la inactividad, para la retira-

2. Voda, Ann M. (1997), *Menopause, Me and You: The Sound of Women Pausing*, Binghamton, NY, Haworth Press.

da. Los dos son estadios evolutivos perfectamente normales y ambos necesitan varios años para completarse.

Es una etapa biológica, como cuando te viene la regla. Solo que en esta etapa la regla se va, pero nos deja toda la sabiduría y el gozo adquirido en los años de fertilidad.

La perimenopausia es, pues, un tiempo en el que el sistema general de una mujer sufre cambios importantes. Estos cambios no se limitan a nuestros órganos reproductivos; muchas células en nuestro cuerpo están afectadas por las fluctuaciones hormonales que tienen lugar en este periodo y las mujeres vivimos una diversidad de experiencias que son consecuencia de estos cambios. Estas vivencias varían significativamente de unas mujeres a otras. Algunas experimentan algunos sofocos, que apenas les molestan, y poco más. Otras tienen muchas más experiencias incómodas —fuertes sofocos que las despiertan por la noche, sequedad en la piel y también vaginal, incontinencia, infecciones urinarias, dolor de cabeza y alteraciones en el humor, que son los síntomas más frecuentes.[3]

Germaine Greer[4] define la menopausia como un acontecimiento natural que ofrece a las mujeres la oportunidad de un renacimiento espiritual y la liberación de la atención sexual de los hombres. Una oportunidad para tener paz y serenidad. Christiane Northrup[5] apoya esta argumentación planteando que la

3. Callahan, Joan C. (2000), «Menopause: Taking the cures or curing the takes?», en Margaret Urban Walker (comp.), *Mother Time. Women, Aging and Ethics*, Lanham, Rowman & Littlefield, págs. 151-174.

4. Greer, Germaine (1991/1993), *El cambio. Mujeres, vejez y menopausia*, Barcelona, Anagrama.

5. Northrup, Christiane (2001/2002), *La sabiduría de la menopausia*, Barcelona, Urano.

menopausia es una fase del desarrollo que contiene promesas de transformación y curación del cuerpo, la mente y el espíritu, en la medida en que nos otorga sabiduría y el valor de poder expresarla, una vez que gracias a ella se levanta ese velo oscurecedor de la visión y de la vida que generan en nosotras las hormonas reproductivas. En su opinión la menopausia supone una oportunidad para ver lo que necesitamos cambiar en nuestras vidas para poder vivir con sinceridad y plenitud la segunda mitad de la existencia. Ambas autoras nos han legado unos textos profundamente liberadores en los que, de maneras diversas, coinciden en considerar que la menopausia nos proporciona la oportunidad de que volvamos a ser la niña que éramos, antes de que las hormonas nos hicieran diligentes e inagotables.

A medida que nos acercamos a la menopausia la cantidad de hormonas fluctúa y podemos experimentar en nuestro cuerpo los efectos de los niveles altos y bajos de estrógenos. Es decir, bajos niveles de estrógeno (que están asociados con los sofocos) pueden causar que el sistema de la mujer de repente se «despierte» y sobreproduzca estrógeno, produciendo fenómenos que se relacionan con los niveles altos de éste, como dolor de cabeza, molestias en el pecho, etc. También en otros momentos de la vida los cambios hormonales causan molestias: náuseas y vómitos en el embarazo, por ejemplo. Molestias que tanto en la menopausia como en el embarazo no se deben a una deficiencia, sino a la respuesta corporal al cambio en los niveles hormonales, cuyas fluctuaciones pueden explicar por qué la perimenopausia puede ser un tiempo de rápidos y aparentemente inconsistentes altibajos.[6]

Los aspectos negativos de estos cambios pueden atenuarse, como iremos viendo, a través de otros caminos alternativos,

6. Callahan, Joan C., *op. cit.*

que incluyen una dieta atenta a las necesidades reales del momento y la persona, incrementando el ejercicio físico y, sobre todo, llevando a cabo determinados cambios en el estilo de vida (menos estrés y más deseo). Sin embargo, a las mujeres se nos argumenta con insistencia que la solución la debemos buscar en la intervención médica, que hasta hace poco solía significar la exigencia de tomar un tratamiento hormonal sustitutorio —¡de por vida!— para disminuir nuestros «síntomas» y/o prolongar nuestra salud y nuestra juventud.

Oda a la menopausia

Pero yo sé que la transformación se ha forjado en mí,
y las líneas de mi rostro, la vejez de mi cuerpo,
me han costado muy caros;
mujer sabia, la anciana, la mayor de la gente, ha llegado,
nacida de la canción, tocada por la magia del tiempo.
No es demasiado tarde,
no es demasiado tarde, no es en absoluto demasiado tarde.

SHOSHANA KOBRIN
Poema 91,
3 de diciembre de 1995

A pesar de que la menopausia ha sido siempre un tema oculto, hoy son innumerables los trabajos de divulgación y científicos que la tratan y discuten como un asunto natural, incluso en los medios de comunicación. Que se hable de ella es importante y necesario; sin embargo, la mayoría de las mujeres no dispone de una información amplia y veraz que informe de sus ventajas e inconvenientes.

La menopausia en el ciclo vital de las mujeres

> Reinventarnos como mujeres sanas y resistentes, preparadas para entrar alegremente en la segunda mitad de nuestra vida.
>
> CHRISTIANE NORTHRUP[7]

Las mujeres, en el siglo XXI, representamos una población única en la medida en que tenemos nuevas experiencias vitales, pues llegamos a unas edades anteriormente impensables. Además, en esta larga trayectoria hemos empezado a desempeñar unos papeles sociales y personales nunca antes imaginados. La transformación de los roles femeninos más allá del matrimonio y la maternidad, las nuevas situaciones ocupacionales y, como consecuencia, la posibilidad de manejar dinero y conocer el poder, así como la mayor libertad sexual, han redefinido las asignaciones sociales tradicionales y han proporcionado la base para la exploración de facetas de nosotras mismas anteriormente inalcanzables en una sociedad patriarcal.[8]

El hecho de disponer de más de treinta años de vida buena después de la menopausia ha supuesto una interesante y necesaria invitación a la reflexión. Si antes la menopausia era, ciertamente, «el principio del fin», ahora podemos asegurar que es el principio del «mañana más». Hasta tal punto que se ha producido en nuestra cultura una «revolución de viejas», una presencia y visibilidad social a través de la ocupación, por parte de las mujeres mayores, de un espacio anteriormente vedado, que es aprovechado para recorrer caminos ignotos tanto

---

7. Northrup, Christiane, *op. cit.*, pág. 27.

8. Arnold, Elizabeth (2005), «A voice of their own: Women moving into their fifties», *Health Care for Women International*, n.º 26, págs. 630-651.

hacia el interior, en nuestro cuerpo, nuestra mente y nuestro deseo, como hacia el exterior, en las relaciones, el acceso al conocimiento, la participación social, política y cultural y la presencia activa en la vida pública.

El diseño cultural de la menopausia como un hecho deprimente que debe ser ocultado refleja la idea social de que la identidad central de la mujer reside en la reproducción —y, por añadidura, en su calidad de objeto para la satisfacción sexual del varón—. Ideas que sostienen una consideración del ser mujer ligada exclusivamente a la potencialidad de la maternidad y al cumplimiento de determinados roles sociales. Estos planteamientos han sido sostenidos a lo largo del tiempo básicamente por algunos varones y también desde determinadas posiciones psicoanalistas.

Helene Deutsch[9] fue la primera psicoanalista que teorizó sobre la menopausia. En su obra *The Psychology of Women*, publicada en 1945, la describe como una pérdida simbólica ligada a la interrupción de la función reproductiva. Para esta autora, la salud psicológica de las mujeres se basa en su necesidad y deseo de ser madre. Según Deutsch, con la menopausia la mujer termina su existencia como portadora de vida, lo cual es como llegar a su fin natural —su muerte parcial en tanto que servidora de la especie— y, a partir de ese momento, está implicada en una pelea activa contra la decadencia de su vida. Deutsch piensa que los problemas depresivos que pueden aparecer en la menopausia, tienen su origen en el duelo por la pérdida de la juventud y la belleza. Además, las mujeres que se muestran felices en la menopausia, según ella, son anormales, no femeninas y vergonzantes.

9. Deutsch, Helene (1945), *The Psychology of Women*, Nueva York, Grune & Stratton.

Estas ideas, que nos pueden parecer pintorescas y trasnochadas, sin embargo se mantienen bastante vigentes en nuestra cultura, en la que las creencias relacionadas con los roles y las funciones de las mujeres siguen vinculadas a la función maternal y a la feminidad heterosexual, donde los parámetros básicos son la belleza, la delgadez y la complacencia del varón. Por lo tanto, no es de extrañar que, en las sociedades occidentales, las mujeres sientan aprensión ante la proximidad de la menopausia y así seguirá siendo mientras culturalmente se siga legitimando la idea de que la menopausia es algo desastroso, una desgracia, una enfermedad, algo que ocultar y que debe ser tratado durante toda la vida.

El concepto de «menopausia» está fuertemente marcado por la diferencia sexual y modelado por nociones socialmente construidas sobre la feminidad. Somos femeninas si tenemos hormonas y órganos reproductivos —útero, ovarios, vagina— que podemos utilizar para tener criaturas. Ya no somos fértiles, *ergo* no somos femeninas. Pero la cosa no queda ahí. La capacidad para reproducirnos está también sospechosamente ligada, en nuestra cultura, con la sexualidad y el atractivo sexual. Ya no somos fértiles, *ergo* no somos deseables y tampoco deseamos. En resumen, si llegar a la menopausia implica no ser fértil, no ser atractiva, ser asexual, parece lógico que la interiorización de este estigma social haga que las mujeres nos resistamos a aceptarla y nos impida vivirla con naturalidad y complacencia. En el fondo de nuestra alma tememos que la configuración cultural de la menopausia nos lleve a perder nuestra condición de mujeres, aunque no la feminidad, ya que, al fin y al cabo, siempre tenemos la capacidad de enmascararnos.

Hormona más, hormona menos... ¿puede comprometer tanto lo que somos como personas?

Por otra parte, vivimos en una sociedad profundamente edadista, que discrimina y desprecia a las personas mayores, por el mero hecho de serlo. La exclusión por edad está fuertemente enraizada en nuestra cultura, donde el mandato de la belleza —como imposible deber— va unido al requisito de la juventud y la esbeltez. Difícil programa en el proceso de hacernos mayores. No porque no podamos ser mayores y bellas, mayores y atractivas, sino porque no disponemos de suficientes modelos legitimados de belleza en la edad mayor en una sociedad que sostiene un doble estándar del envejecimiento. Ya en 1979, Susan Sontag[10] señaló que en nuestra cultura «mientras los hombres maduran, las mujeres envejecen».

Las pensadoras feministas han retado estas constelaciones de creencias que incluyen el determinismo biológico y los papeles sociales tradicionales asignados a los sexos, de manera que hoy ya poca gente cree que la función reproductiva es un elemento central en la vida de las mujeres, máxime en nuestro país, en el que tenemos la tasa de natalidad más baja del mundo, al menos hasta que las mujeres inmigrantes han venido a echarnos una mano al respecto. La baja tasa de natalidad de las sociedades occidentales indica que las mujeres hace ya bastante tiempo que decidieron otorgar significado personal a su vida, más allá de la maternidad, y esto lo hacen a edades tempranas, mucho antes de que la menopausia asome en sus vidas.

En la realidad, la menopausia pone de relieve una confrontación entre las expectativas socioculturales y las que mantienen las mujeres, partiendo de las circunstancias concretas y la vivencia individual de cada una de ellas. De hecho, tanto este mismo trabajo como otros muchos indican que las mujeres hoy

10. Sontag, Susan (1979), «The double standard of aging», en J. Williams (comp.), *Psychology of Women*, San Diego, CA, Academic Press, págs. 462-478.

tienen actitudes que no suponen un rechazo global de la menopausia o una visión tétrica de este proceso, mostrando que la realidad de la vivencia de la menopausia no es tan nefasta o negativa como puede llegar a serlo su reputación.[11] En este tipo de estudios se sitúa la menopausia como uno de los numerosos hechos que configuran la mediana edad de las mujeres, en la que, además de la cesación de las reglas, experimentamos otras transiciones que nos devuelven a nosotras mismas, relacionadas con la coyuntura emocional, familiar y laboral, en su conjunto. Por lo tanto, el énfasis otorgado a la menopausia como elemento explicativo central del malestar de las mujeres en la mediana edad, no es más que una burda simplificación de la interesante complejidad de la vida adulta femenina.

De la menarquia a la menopausia

La pubertad y la menopausia son estados de transición [...] y se parecen mucho.

ELENA ARNEDO[12]

La menopausia conlleva cambios hormonales; también los tuvimos, e importantes, en la menarquia, pero parece que en aquel momento no interesaban a nadie. De hecho, a lo largo del ciclo vital se producen continuas modificaciones hormonales que afectan a las mujeres y también a los hombres. Al-

11. Cate, Mary Ann y Corbin, David E. (1992), «Age differences in knowledge and attitudes toward menopause», *Journal of Women & Aging*, vol. 4, n° 2, págs. 33-46.
12. Arnedo, Elena (2003), *La picadura del tábano. La mujer frente a los cambios de la edad*, Madrid, Aguilar, pág. 23.

gunos de estos cambios, como los que se producen en la adolescencia, se consideran naturales, saludables, necesarios, y son recibidos con regocijo y valorados emocional y socialmente como signo inequívoco de integración en el mundo adulto, muestra de desarrollo y promesa de futuro. Sin embargo, durante la menopausia los cambios hormonales son evaluados como muestra de una carencia que debe remediarse y se convierten en la madre de todas las batallas, en la explicación de causa única que justifica cualquier queja, problema o malestar. No se tiene en cuenta que la disminución de estrógeno y el cambio en el equilibrio hormonal que se da en la menopausia nos ofrecen exactamente el nivel hormonal que la OMS denomina «suficiente» para las necesidades de nuestro cuerpo en los años posreproductivos, en cuanto a las hormonas se refiere.

La naturalicé como una etapa equivalente a la menarquia.

El discurso sobre la menarquia suele hacer hincapié en lo estupenda que es esta transición y omite, casi sistemáticamente, los problemas con que nos encontramos después de la primera menstruación, que mes a mes nos van a acompañar hasta la menopausia. A partir de ahora tenemos una preocupación mensual, tanto si viene como si no. Cuando llega lo hace, frecuentemente, precedida de un molesto síndrome premenstrual y acompañada de otras incomodidades. Peor es que no aparezca. El vaivén hormonal nos produce acné; nos hinchamos y deshinchamos cíclicamente; el humor también va y viene y algunos temores y molestias nos acompañan cada mes. Determinados valores bioquímicos corporales que son considerados normales y no problemáticos en etapas anteriores de la vida, cuando se dan en la menopausia se considera que necesitan tratamiento médico, al menos en su «versión oficial». De la misma manera ocurre con varios temas, como por ejemplo con la diferente importancia que se otorga, en relación con la salud, a los niveles bajos de estrógenos endógenos que se dan en la preadolescencia, que son similares a los que tenemos en la menopausia. Algo similar podemos comprobar con referencia a la diferente valoración que se da a las reglas irregulares que son frecuentes en la edad joven, momento en el que se consideran «perfectamente normales», mientras que cuando se producen en la perimenopausia se califican como «patológicas».[13] Este silencio social, que parece tratar de convencernos de que todo lo que se relaciona con la demostración de nuestra capacidad reproductiva es bueno e intenta desanimar cualquier intento de disenso, me resulta sospechoso. ¿Quién decide qué hormonas son buenas y cuáles son malas?[14]

Si no fuera por la connotación social que suele darse a la menopausia, para mí sería infinitamente más irrelevante que la menarquia.

Así como un buen día te levantas y «ya eres mujer», sólo por el hecho de que has empezado con la menstruación y todo el mundo celebra tu iniciación en el mundo de las compresas, también otro día «ya no eres mujer», por el hecho de que llevas meses sin tener las molestias de la menstruación, puedes tener relaciones sexuales sin temor a quedarte embarazada, ya no te duelen los pechos con el síndrome premenstrual y te ahorras

13. Derry, Paula (2002), «What do we mean by "The biology of menopause"?», *Sex Roles,* vol. 46, nos 1/2, págs. 13-23.
14. Gannon, Linda y Ekstrom, Bonnie (1993), «Attitudes towards Menopause: The Influence of Sociocultural Paradigms», *Psychology of Women Quarterly,* nº 17, págs. 275-288.

un capital en tampones y compresas. Y, curiosamente, la sociedad no lo celebra como una liberación, sino como un estigma.

Al no tener cambios cíclicos hormonales se acabó el dolor de mamas premenstrual. ¡Una liberación!

Con la menarquia las chicas se dan cuenta de que, de repente, han empezado a ser «visibles» en el mercado sexual. Al alcanzar el estadio «reproductivo» —femenino, sexual— pasan de la infancia invisible a la «mujeridad» manifiesta. Justo al contrario de lo que ocurre en la menopausia, en que se pasa de la visibilidad que otorga el ser objeto de deseo, a la invisibilidad. A medida que vamos experimentando el cuerpo como más «apartado de la norma» y, por lo tanto, cada vez más «otro», más diferente, nos sentimos más invisibles e ignoradas, percibimos que ya no estamos en el circuito del deseo sexual, del atractivo definido en el sistema de género.[15]

Ha variado el deseo de los hombres que ha pasado de ser ostensible a no existir. Percibo que soy invisible para los hombres y también para muchas mujeres jóvenes.

Entre la menarquia y la menopausia se produce un contrasentido cultural nada desdeñable. Así, en nuestra sociedad, la menstruación conlleva un tabú que la mantiene oculta y que nos acompaña durante todo el periodo fértil: de ella no se habla, ni en público ni en privado. Viene y se va cada mes sin que quienes nos rodean deban enterarse. En nuestra cultura tradicional, las mujeres menstruantes son impuras y no pueden llevar a cabo de-

15. Dillaway, Heather E. (2005), «(Un)Changing menopausal Bodies: How Women Think and Act in the Face of a Reproductive Transition and Gendered Beauty Ideals», *Sex Roles*, vol. 53, n°s 1/2, págs. 1-17.

terminadas actividades, como participar en las tareas derivadas de la matanza del cerdo o hacer una simple salsa mayonesa, porque corrompen o estropean el producto. Las plantas que ellas cuidan durante los «días críticos» se marchitan y mueren. Bien. La menopausia, por definición, termina con la menstruación y, lógicamente, con ella debería desaparecer el tabú y convertirnos en mujeres puras; sin embargo, en nuestra sociedad esto no es así. La prohibición permanece y se transforma: ahora ya no somos mujeres. En otras culturas, las mujeres ancianas en la posmenopausia adquieren una posición respetable —justamente porque no tienen la impureza ritual de la menstruación—, cosa que no se produce en la nuestra, donde parece que se confirma el supuesto de que «hagas lo que hagas, te equivocarás». Quizás el trasfondo real nada tenga que ver con la menstruación o la ausencia de ella, sino con la misoginia incrustada en la mente de nuestra sociedad, que apenas nos tolera algunos días al mes, mientras somos objeto de su deseo, liquidándonos por completo al definirnos como «no mujer» en la posmenopausia.

Un bello y liberador rito femenino

> Siempre tuve en mi mente esta pregunta:
> pero ¿cómo fue para las mujeres?
>
> ADRIENNE RICH[16]

Si escuchamos la voz de las mujeres comprobaremos que la menopausia no significa nada especialmente grave en la vida de la mayoría de ellas, que no la viven como una enfermedad,

16. Rich, Adrienne (1977/1996), *Nacemos de mujer. La maternidad como experiencia e institución*, Madrid, Cátedra, pág. 51.

desde luego, y no la definen como algo patológico. Este discurso despreocupado de las mujeres en la menopausia, cuando se supone que deberíamos estar molestas, incómodas y desconcertadas, no gusta a los sectores que en este texto denomino «la industria de la menopausia» y que incluye las industrias farmacéutica, médica y cosmética que se benefician de ella. ¿Es admisible que temamos colectivamente la llegada de la menopausia, como quien recibe a la madre de todas las desgracias? ¿A quién beneficia la definición de la menopausia como una enfermedad? ¿Por qué se la relaciona negativamente con la sexualidad femenina? ¿A quién interesa esta asociación? ¿Por qué no hablamos a fondo de sus beneficios? Definidas, diseñadas, explicadas, imaginadas, desde fuera de nosotras, nos vemos engordando una industria química, farmacéutica y cosmética, insaciable, que en lugar de hacernos libres, nos esclaviza, nos hace daño, nos perjudica y, además, nos arruina.

En las culturas en las que se venera a las personas mayores, la menopausia se considera un rito de transición que las sitúa en un nuevo estatus en el que gozan de nuevos privilegios. Sin embargo, en las culturas «juvenilistas» como la occidental, la llegada de la menopausia se vive como una amenaza, porque los cambios que conlleva, y que nos indican que somos mayores, no van acompañados de ventajas en la posición social, de algunos privilegios derivados de la jerarquía o, al menos, de un especial respeto. Nos faltan rituales que festejen socialmente la llegada de la menopausia. Una celebración de la nueva «mujeridad», que nos ponga en condiciones de retar los mandatos del patriarcado y otorgar a la menopausia el significado de una transición en la vida. Un bello y liberador rito femenino. No lo tenemos fácil, según Germaine Greer:[17] «Si las

17. Greer, Germaine, *op. cit.*, pág. 59.

43

mujeres quieren celebrar su quinto climaterio [la menopausia] reivindicando privilegios especiales, tendrán que concedérselos ellas mismas».

Estrenamos libertades

> Ha llegado, pues, el momento de dar vida a nuestros años, de nacer por nosotras mismas.
>
> CARME VALLS LLOBET[18]

Puesto que todo ello implica una mirada hacia dentro y una reorganización en nuestras prioridades y, en consecuencia, conlleva mostrar una menor eficacia en el servicio y atención a los demás, es fácil que la sociedad trate de estigmatizarnos con el objetivo de disuadirnos de tales proyectos y de vengar nuestro abandono de los deberes que tan diligentemente hemos cumplido durante tantos años. Mirar de cerca nuestra existencia, reflexionar sobre la vida pasada y futura y respetar nuestra edad requiere tiempo y espacio. Cualquier paso, actitud o resolución que tomemos será leído en el contexto de la «menopausia como crisis existencial», dentro de las coordenadas negativas de la lectura social prejuiciosa, y nunca como lo que es: una interesante toma de control personal. La desesperanza que sentimos no se cura a través de psicofármacos, porque no estamos enfermas, sino heridas por la estigmatización social del envejecer; es una respuesta ante la desvalorización, ante la opresión que viene de fuera y pretende dejarnos fuera de juego.

18. Valls Llobet, Carme (2006), *Mujeres invisibles*, Barcelona, Debolsillo, pág. 131.

De todas maneras, la libertad que estrenamos ya la conocíamos. Quizá la habíamos olvidado, pero dispusimos de ella durante los años de la infancia. Tanto Germaine Greer como Christiane Northrup señalan la menopausia como la oportunidad de recuperar esa identidad menos entregada a los demás que nos otorgaba la niñez. La niña que fuimos. Esta idea hace hincapié en el hecho de que el periodo que va entre el «ya eres mujer» y «ya no eres mujer», dominado por el bullir hormonal, nos aleja de nuestro ser verdadero, que puede reaparecer, para devolvernos la palabra durante el último tercio de nuestra vida. La menopausia tiene también su «quid»: abre la puerta a la manifestación de la ira de las mujeres, tantos años contenida; vuelve a ponernos en contacto con la rabia, tras muchos años de autocensura, gracias a los efectos del estrógeno que nos hace más dóciles y sumisas. No es que nos pongamos de acuerdo y demos rienda suelta a la rabia que en la etapa anterior, de seres amables y sostenedores del equilibrio familiar, habíamos contenido. No. Es que llega el momento en que, finalmente, nos damos permiso para llamar a las cosas por su nombre y no aceptamos seguir llevando todo el peso. Pero la ira, nuestra ira, nos asusta. Nos da miedo expresarla porque sabemos que la sociedad no acepta la rabia femenina, que es percibida como un signo de «no feminidad».

De alguna manera, la narración y la celebración de esta transición nos permite crear un nuevo imaginario acerca del ciclo vital de las mujeres, poner en valor la edad como un logro, una meta que conseguir, un espacio de vida. Para ello, necesitamos modelos. Modelos en los que mirarnos. Nunca antes habíamos vivido tantos años y con tanta educación y vida propia; así que no es de extrañar que no sepamos hacia dónde mirar para encontrar maneras atractivas de estar en el mundo, de vivir la menopausia, de ser mayores. Necesitamos oír muchas narrativas sobre el hacernos mayores, de manera que podamos identificar pedazos de nosotras mismas aquí y allá, encontrando, creando, espacios de libertad. Argumentos para el cambio, razones para el largo trayecto.

3

Culturas y menopausias

> Las injusticias de la cultura se cobran un precio
> terrible en los cuerpos y espíritus de las mujeres.
>
> CHRISTIANE NORTHRUP[1]

La investigación antropológica nos indica que no existe un «síndrome menopáusico universal», mostrando una gran variedad de realidades sociales y personales en la presentación que se hace de esta transición. Es cierto que en muchos casos no son trabajos realizados con el objetivo de conocer directamente la vivencia de la menopausia, sino que son investigaciones que versan sobre otros temas y de ellos se infiere la posición y experiencia que las mujeres tienen de este proceso. Sin embargo, en los estudios etnográficos en los que se hace hincapié en las diferentes vivencias culturales e históricas de la menopausia se destaca el papel que tienen, en la mejor o peor experiencia de esta transición, las actitudes positivas hacia ésta, tanto por parte de la sociedad como de las mujeres individualmente. De tal manera que en las sociedades donde la menopausia supone un aumento en la posición social y personal de la mujer se detecta una disminución —y en numerosos casos casi la ausencia— de

1. Northrup, Christiane (2001/2002), *La sabiduría de la menopausia*, Barcelona, Urano, pág. 30.

síntomas en este periodo. Así se puede observar que cuanto más respetadas son las mujeres en la vejez, menos trastornos físicos o psicológicos parece causarles la menopausia.[2]

Las actitudes hacia la menopausia varían, pues, de cultura en cultura. La percepción de ésta y de los llamados síntomas de esta transición son muy diferentes de unas sociedades a otras. Los síntomas que las mujeres identifican en este periodo van de prácticamente ninguno, a trastornos severos. Así vemos que las mujeres japonesas presentan mínimos síntomas y las mujeres mexicanas mayas no tienen ninguno, mientras que el 80% de las mujeres occidentales experimentan sofocos y bochornos.

Las mujeres de la tribu Lakota Sioux ven la menopausia como un símbolo de sabiduría y de madurez; sólo después de la menopausia pueden ser matronas o médicas y asumir papeles sociales iguales a los de los hombres en los asuntos tribales. Entre el pueblo Navajo, se considera que las mujeres viejas «caminan hacia la belleza», lo que significa tanto la aceptación por parte de la sociedad de la belleza física, emocional y espiritual de las mujeres mayores, como la responsabilidad individual de éstas de poner en marcha las estrategias necesarias para mantener su belleza, salud, gracia y empatía. Una visión similar de las mujeres mayores como bellas, sabias, compasivas y capaces de curar, caracterizaba las culturas precristianas europeas y las del antiguo Egipto.[3]

2. Friedan, Betty (1993/1994), *La fuente de la edad*, Barcelona, Planeta; Hunt, Kate (1994/1996), «¿Una cura para todas las enfermedades? Interpretación de la menopausia y las complicaciones del tratamiento hormonal sustitutivo», en Sue Wilkinson y Celia Kitzinger (comps.), *Mujer y salud. Una perspectiva feminista*, Barcelona, Paidós, págs. 156-180.

3. Chornesky, Alice (1998), «Multicultural perspectives on menopause and the climacteric», *Affilia,* vol. 3, nº 1, págs. 31-46; Starck, Marcia (1993), *Women's medicine ways. Cross cultural rites of passage*, Freedom, CA, Crossing Press.

Las creencias culturales de este siglo y fundamentalmente de Occidente acerca de la menopausia, que están en la base de una gran parte de la vivencia que de ella tenemos, se fundamentan en varios elementos: en los modelos de rol sexual de nuestra sociedad, en la definición del cuerpo y la belleza femeninas y en la consideración social acerca de la vejez, aspectos que suponen una asignación cultural con gran incidencia en la experiencia social e individual de la menopausia.[4] Mari Luz Esteban[5] señala algunas conclusiones interesantes a partir del análisis intercultural de la experiencia menopáusica, que indican el enorme condicionamiento social, cultural y temporal de esta vivencia.

De la misma manera, a partir de los discursos de las participantes, podemos ver que en nuestra cultura las mujeres menos implicadas en el modelo médico, que en este caso son las mujeres más mayores, presentan un nivel de sintomatología menor, probablemente debido a que no «aprendieron» a vivirla como una enfermedad —ellas la pasaron y santas pascuas— puesto que, en sus tiempos, la consideración de la menopausia como una enfermedad no era el mensaje corriente.

4. Berger, Gabriela (1999), *Menopause and Culture*, Londres, Pluto Press.
5. Esteban, Mari Luz (2001), *Reproducción del cuerpo femenino*, San Sebastián, Tercera Prensa.

4

Diferentes posiciones

> La diversidad y hasta el enfrentamiento de posiciones forma parte integrante del avance.
>
> FRANÇOISE COLLIN[1]

A pesar de que el corpus teórico actual acerca de la menopausia es amplio y complejo, y de que en este momento podemos encontrar un buen número de explicaciones diferentes y más o menos matizadas acerca de esta transición, en este trabajo me voy a centrar fundamentalmente en las dos posiciones antagónicas que aglutinan, con matices y argumentos opuestos y complementarios, los dos grandes marcos teóricos actuales para la comprensión y explicación de la menopausia: el modelo biomédico y los planteamientos de las pensadoras feministas.

El discurso biomédico o las mujeres «hormonodeficientes»

La definición de la menopausia como enfermedad, carencia o déficit es un invento médico-comercial relativamente reciente.

---

1. Collin, Françoise (2006), *Praxis de la diferencia. Liberación y libertad*, Barcelona, Icaria, pág. 13.

Fue a finales de la década de 1960 cuando el ginecólogo canadiense Robert Wilson[2] escribió un libro, *Feminine Forever,* en el que defendía que la menopausia era una enfermedad «hormonodeficiente», evitable y curable; anteriormente se otorgaba poca consideración médica a la menopausia. Ahí empieza la construcción biomédica de esta transición, cuyos signos y síntomas —de enfermedad, por supuesto— se afirma que pueden ser tratados. Wilson describe la menopausia como un signo de deterioro y vincula el envejecer con la pérdida de la feminidad. En su iluminación llega a afirmar que la «mujeridad» en sí misma se ve interrumpida por la menopausia; es decir, gracias a ella todas las mujeres posmenopáusicas están castradas y, por lo tanto, no son deseables. Aunque no debíamos preocuparnos porque él disponía de la solución: el estrógeno era la panacea para aliviarnos de la «enfermedad» de la vejez.[3]

El modelo biomédico se centra en los aspectos físicos de la menopausia y sostiene una consideración amenazante de los cambios, como si éstos no fueran consustanciales con el desarrollo evolutivo del cuerpo humano; por lo tanto, contempla la menopausia en términos de la dicotomía «salud/enfermedad» y, al considerar que en este periodo los ovarios «dejan de funcionar», la menopausia se evalúa como un malfuncionamiento que causa enfermedades crónicas. A partir de ahí, la conexión entre menopausia y diversas patologías: coronarias, óseas y/o mentales, tiende a verse como algo universal que afecta a todas las mujeres a partir de la mediana edad. Desde esta perspectiva no se plantea la posibilidad de que los niveles de hormonas que se mantienen en este periodo sean suficientes para

2. Wilson, Robert (1966), *Feminine Forever*, Londres, W. H. Allen.
3. Fausto-Sterling, Anne (2000/2006), *Cuerpos sexuados. La política de género y la construcción de la sexualidad*, Barcelona, Melusina.

conservarnos sanas, o que afectan a nuestra salud cuando interactúan con un estilo de vida insano.[4] Desde esta perspectiva, la menopausia, periodo normativo en la vida de cualquier mujer, ha sido definida estrictamente por vía de lo negativo, sin hacer visibles sus posibles ventajas.

Antes de que el modelo biomédico estuviera en boga, a partir de la menopausia las mujeres éramos simplemente infértiles, lo cual nos proporcionaba la felicidad de vivir liberadas del miedo al embarazo y de otras incomodidades de nuestra condición de seres menstruantes. Sin embargo, a partir de ahí las cosas cambiaron en nuestro imaginario y en el discurso de la clase médica que nos atiende y aconseja. A partir de ahora se decide que «estamos enfermas» y no sólo eso, sino también tristes y que nos encontramos sin saber manejar el montón de años que nos quedan por delante, después de la última regla.

Una vez que se definió la menopausia como una enfermedad, lógicamente, las mujeres pasamos a ser consideradas necesitadas de tratamiento. La terapia de reposición hormonal se planteaba como la panacea para nuestra estrógenodeficiencia. Solucionaría todos los problemas derivados de la enfermedad de la menopausia, y, además, iba a mantenernos jóvenes y femeninas —sangrantes— para siempre. Evitaría la temida osteoporosis, no nos íbamos a morir de infarto, e incluso nos libraríamos de la enfermedad de Alzheimer, si éramos buenas y nos poníamos los parches o ingeríamos las hormonas correspondientes.

Aunque inicialmente, en los años setenta del siglo XX, la terapia de reposición hormonal se recomendaba por un periodo breve de tiempo, fundamentalmente a las mujeres que tenían síntomas molestos en la menopausia, pronto se produjo un

4. Derry, Paula (2002), «What do we mean by "The biology of menopause"?», *Sex Roles*, vol. 46, n°s 1/2, págs. 13-23.

cambio en los intereses comerciales y se recetó sin límite de tiempo, con el argumento de prevenir las «enfermedades de la vejez». Muchos millones de mujeres en los países adinerados de Oriente y Occidente han tomado estos tratamientos durante años y años, a pesar de que los diversos estudios feministas pronto mostraron alarmantes resultados sobre un tema silenciado sistemáticamente por la literatura médica y farmacéutica: la prevalencia del cáncer de mama en algunas de las mujeres que tenían predisposición genética a él.

El modelo biomédico enfatiza una parte pequeña de la fisiología de la menopausia, mientras que otros modelos incluyen los aspectos biopsicosociales y resultan más inclusivos.

La transición menopáusica
desde la perspectiva feminista

La construcción que la medicina ha hecho de la menopausia ha encontrado una clara oposición en muchas mujeres —entre ellas un buen número de médicas— y en el feminismo, colectivos que rechazan la definición de la menopausia como una enfermedad en la que las hormonas se convierten en protagonistas negativas y que requiere un tratamiento continuado durante toda la vida. Estas corrientes de pensamiento la definen y entienden como un hecho natural, una experiencia normativa en la vida de las mujeres, cuya vivencia tiene mucho que ver con la definición cultural del cuerpo y la belleza en la vejez.

La perspectiva feminista acerca de la menopausia abarca un buen número de posiciones teóricas que tienen en común la consideración de ésta como un periodo normativo —universal, único y bajo control genético— en el ciclo vital de las mujeres. La menopausia se entiende como un periodo complejo en el que interactúan una constelación de sistemas de carácter biológico, psicológico, social y estructural.

Los modelos teóricos feministas han contribuido a la comprensión de la menopausia como un proceso político, económico, sociocultural, marcado por la diferencia sexual, que es vivido individualmente. Han explorado las variables sociales, culturales y psicológicas que concurren con la experiencia menopáusica, tratando de distinguir los efectos que tienen que ver con esta transición de los que se relacionan con la edad. Se considera la menopausia como una experiencia individual y cultural y, por lo tanto, se intenta conocer las razones por las que las mujeres de unas y otras sociedades la viven con diferentes niveles de satisfacción o molestia.

La representación del curso vital de los seres humanos se ha ido transformando en las últimas décadas; se ha pasado de considerar la cronología de la edad como el marcador básico del desarrollo que señalaba los diferentes momentos evolutivos de acuerdo con el «reloj biológico» a reconocer la maleabilidad de numerosos procesos vitales —especialmente, en el caso que nos ocupa, de la menopausia— que no están predeterminados por unos estadios inflexibles.[5]

En el debate que desde diversos ámbitos del conocimiento se ha mantenido sobre la «continuidad» *versus* el «cambio», como características básicas del desarrollo humano, las pensadoras feministas han destacado que en la transición hacia la menopausia hay más continuidad que cambio. Esta argumentación que enfatiza la continuidad en el desarrollo puede entenderse como una forma de resistencia al discurso

5. Featherstone, Mike y Hepworth, Mike (1991), «The mask of ageing and the postmodern life course», en Mike Featherstone y Mike Hepworth (comps.), *The body: Social process and cultural theory*, Londres, Sage.

del cambio, dominante en el paradigma biomédico, que trata de señalar este momento como un hito dramático en la vida de las mujeres. Al enfatizar la continuidad, el planteamiento feminista no niega que haya cambio biológico y corporal durante la menopausia, sino que trata de mostrar la naturalidad de un proceso al que muchas mujeres no otorgan gran significado.

Al hacer hincapié en el papel que desempeñan los diversos contextos sociales, el pensamiento feminista ofrece una crítica poderosa a la perspectiva biomédica que iguala a las mujeres con sus capacidades reproductivas y, sobre todo, pone en evidencia que la mayoría de las mujeres no vive la menopausia como una enfermedad o una patología.[6] Como vemos, las teóricas feministas han cuestionado la visión estrictamente biológica y negativa de la menopausia y, por el contrario, la han conceptualizado como una transición o, mejor aún, como un indicador que nos permite hacer un alto en la vida y considerar nuestra posición en el curso vital. Un momento de gran valor evolutivo y situacional. Una oportunidad para tomarnos en serio y situarnos en el centro del mundo. Algunas autoras de prestigio han dado nombres a esta transición: Margaret Gullette[7] la denomina «un indicador mágico» y Gail Sheehy[8] «el pasaje silencioso», definiciones que encierran un hálito de interioridad y misterio que nos indica que tiene un trasfondo que va más allá de la estricta marca biológica.

6. Dillaway, Heather E. (2005), «(Un)Changing menopausal Bodies: How Women Think and Act in the Face of a Reproductive Transition and Gendered Beauty Ideals», *Sex Roles*, vol. 53, nos 1/2, págs. 1-17.
7. Gullette, Margaret (1997), *Declining to decline: Cultural combat and the politics of the midlife*, Charlottesville, VA, University Press of Virginia.
8. Sheehy, Gail (1991/1993), *La menopausia. El pasaje silencioso*, Barcelona, Plaza & Janés.

Autoras como Germaine Greer o Joan Shapiro,[9] entre otras, han sido pioneras en oponerse al modelo biomédico y han elaborado amplias e interesantes argumentaciones en contra de la idea de que la menopausia es una enfermedad hormonodeficiente que requiere tratamiento. El trabajo precursor de Germaine Greer[10] es de referencia obligada y ha tenido una gran influencia y reconocimiento en todo el pensamiento feminista. En su obra *El cambio* ofrece una definición revolucionaria de la menopausia como un proceso natural que conlleva una oportunidad para el despertar espiritual, para el renacer, y además supone para las mujeres la posibilidad de liberarse de la atención sexual masculina. Una oportunidad para la serenidad y la paz que no podemos alcanzar mientras estemos inmersas en la violencia de las relaciones cotidianas, el mito de la belleza y la estrecha definición cultural de la feminidad.

En contraste con el modelo médico, las perspectivas feministas hacen hincapié en la sabiduría del cuerpo, afirmando que este proceso fisiológico natural, no sólo no compromete la salud de las mujeres, sino que la fortalece. Nuestros ovarios siguen produciendo hormonas, pero en menor cantidad (no las necesitamos tanto). Se da un proceso similar al de otras etapas de la vida en las que hemos generado hormonas en gran cantidad (por ejemplo, en la adolescencia la hormona del crecimiento) y en el momento en que hemos dejado de necesitarlas, naturalmente, se ha producido una reducción o cese de ésta, sin que a nadie se le haya ocurrido considerar que teníamos un déficit que exigía un tratamiento ¡de por vida! de re-

9. Shapiro, Joan (1987), *Ourselves Growing Older: Women Aging with Knowledge and Power*, Londres, Fontana.

10. Greer, Germaine (1991/1993), *El cambio. Mujeres, vejez y menopausia*, Barcelona, Anagrama.

posición de hormonas. Ninguna evidencia científica informa de qué niveles bajos de hormonas resultan insuficientes para mantener una buena salud en la vejez.[11]

Dado que todas las mujeres pasaremos por la menopausia, si vivimos el tiempo suficiente, parece claramente difícil comprender cómo ésta no es considerada una condición natural, una experiencia normativa en la mediana edad, una transición que puede tener diferentes vivencias en función de las características físicas, psicológicas, emocionales y contextuales de cada protagonista.[12]

Con el paso de los años, y a la vista de las evidencias tanto médicas como psicosociales que se han encontrado, los planteamientos feministas han elaborado de manera más compleja sus argumentos, teniendo en cuenta otros aspectos, tratando de comprender la menopausia como una transición biopsicosocial en la vida de las mujeres, en la que se pueden encontrar grandes diferencias individuales, destacando el papel que desempeñan los diferentes contextos sociales y evolutivos. Desde este marco teórico se valora la menopausia como una experiencia que puede representar un cambio positivo o una vivencia más o menos neutra, en función de las características sociales, psicológicas y emocionales de cada mujer.[13]

11. Meyer, Vicki F. (2003), «Medicalized Menopause, U.S. Style», *Health Care for Women International*, nº 24, págs. 822-830.

12. MacPherson, Kathleen I. (1993), «The False Promises of Hormone Replacement Therapy and Current Dilemmas», en Joan C. Callahan (comp.), *Menopause: a midlife passage*, Bloomington, Indiana University Press, págs. 145-159.

13. Dillaway, Heather E., *op. cit.*; Kaufert, Patricia (1982), «Myths and the Menopause», *Sociology of Health and Illness*, vol. 4, nº 2, págs. 141-165; Zita, Jacqueline (1993), «Heresy in the female body: the rhetorics of menopause», en Joan C. Callahan (comp.), *Menopause, A Mid-life Passage*, Bloomington, Indiana University Press.

La ecuación cultural que iguala menopausia a vejez, en conjunción con los mensajes del discurso biomédico que la caracterizan como una enfermedad y un cambio negativo en la vida de las mujeres, está en la base de la representación degradante que se sostiene en nuestra sociedad sobre la menopausia y, en consecuencia, sobre las mujeres mayores. Pero ¿cuáles son los significados metafóricos de la menopausia? ¿Cómo se llegó a construir socialmente como una enfermedad? ¿Cómo se consigue que un proceso saludable como la menopausia sea vivido negativamente por algunas mujeres y sea también medicalizado, de manera que busquemos ayuda médica para ella en cualquier circunstancia?

5

¿Hormonas?... No, gracias

> El estrógeno ayuda a las mujeres a sentirse bien
> y no debería costarles ni un penique.
>
> GERMAINE GREER[1]

El estrógeno que las mujeres producimos de forma natural, dice Germaine Greer, nos ayuda a vivir bien, especialmente porque, por lo visto, se relaciona con la producción de determinados transmisores cerebrales, entre ellos la oxitocina, que cumple algunas funciones específicas relacionadas con la reducción del estrés, con la excitación sexual y, lo que es más sugerente, con la conducta de vinculación afectiva, en la que hemos sido expertas las mujeres.

De alguna manera, cuando llegaron los tratamientos hormonales de reposición las mujeres ya llevábamos un montón de años ingiriendo estrógeno a través de los anticonceptivos, época en la que estábamos tan «en/otrizadas» que, la verdad, por mucho estrógeno que tomásemos, éste no nos producía efecto euforizante alguno. Desde el principio, las mujeres hemos mirado con cierto recelo el asunto de la terapia de reposición; sin embargo, la fuerza de los argumentos dados por la

---

1. Greer, Germaine (1996/2000), *La mujer completa*, Barcelona, Kairós, pág. 229.

clase médica y la promesa de la eterna juventud, junto con el pregonado conjuro de la enfermedad y la creencia de que las mujeres adelantadas e instruidas tomaban hormonas y, por lo tanto, éstas constituían un signo de inteligencia y progreso, nos llevó a ingerirlas a mansalva.

La medicalización de la menopausia empezó a finales de los años treinta del siglo pasado con la producción del primer estrógeno sintético dietiletilbestrol (DES) que se utilizó ampliamente, a pesar de que desde el principio causó numerosos problemas de salud y ya entonces se detectó que tenía efectos cancerígenos; sin embargo, se continuó investigando con otras terapias de hormonas de reposición (ERT: administración de suplementos de estrógeno, y HRT: combinando estrógeno con otras hormonas, normalmente progesterona).[2] Cuando Robert Wilson, a mediados de los años sesenta del siglo pasado, hizo su campaña a favor de la terapia de reposición de estrógeno, la relación de éste con el cáncer de útero ya era conocida. A pesar de todo, Wilson aconsejaba que las mujeres lo tomáramos durante toda la vida, porque así podíamos escapar al «horror de ese declinar de la vida», según sus palabras.

Los niveles altos de estrógeno suponen una amenaza para la salud de las mujeres y ahora que sabemos que un nivel elevado de estrógeno endógeno —producido por el cuerpo de la mujer— se vincula de forma importante con el riesgo de cáncer de mama, nos encontramos con una práctica médica que supone una vuelta de tuerca más a la medicalización de nuestras vidas. Así podemos constatar que, en los últimos veinte años, en la clínica habitual de los países opulentos, se utiliza

2. Bell, Susan (1994), «From local to global: Resolving uncertainty about the safety of DES in menopause», *Research in Sociology and Health Care*, n° 11, págs. 41-56.

con frecuencia el tamoxifeno, que es un medicamento que actúa bloqueando la actividad del estrógeno. Este producto farmacéutico se recomienda y receta a mujeres saludables como una estrategia de prevención primaria contra el cáncer de mama, a pesar de que tiene, también, peligrosos efectos colaterales asociados (cáncer uterino, accidentes cerebro-vasculares, coágulos en los pulmones), que nos deberían lle-var a pensar que no podemos tomarlo alegremente. Cuando tenemos bastante estrógeno, nos medican para reducirlo; cuando tenemos menos, nos medican para que no nos falte. ¿En qué quedamos?

Los mayores riesgos de la terapia hormonal de reposición son el cáncer de endometrio y el de mama. Los primeros estu-dios sobre el cáncer de endometrio publicados en 1975 en el *New England Journal of Medicine* mostraron que el riesgo era siete veces mayor entre las mujeres que se habían sometido a terapia hormonal de reposición.[3] Estudios posteriores reduje-ron la incidencia a la mitad.[4] A raíz de la oposición mostrada por las investigadoras feministas y la evidencia científica que señalaba con una sólida insistencia que las hormonas no sólo no eran la panacea sino que se llevaban por delante a muchas de nosotras, la industria experimentó nuevas combinaciones y dosis hormonales menos peligrosas, tratando de contrarrestar el estrógeno con progesterona para controlar este factor de riesgo. A partir de estas informaciones, después de 1975, hu-bo un descenso en la prescripción de estrógenos; sin embargo, a partir de 1980 volvió a subir, dado que se creyó que la adi-

3. Ziel, Harry N. y Finkle, William D. (1975), «Increased risk of endometrial carcinoma among users of conjugated estrogens», *New England Journal of Medi-cine*, vol. 293, págs. 1.167-1.170.

4. Greer, Germaine, *op. cit.*

ción de esta segunda hormona, la progesterona, contrarrestaba los efectos negativos de los estrógenos.

Estas evidencias causaron una lluvia de artículos, a favor y en contra, pero fueron los primeros que alertaron a las mujeres, y a la parte de la clase médica que quiso enterarse, de que no todo el monte era orégano. Los siguientes estudios, igualmente poco tranquilizantes, iluminaron acerca de la incidencia del cáncer de mama. Un número importante de investigaciones publicadas a partir de 1985 han ido haciendo hincapié en el mayor riesgo de cáncer de mama si se utiliza la terapia hormonal durante largos periodos.

Riesgos, beneficios e incertidumbres

El debate continuaba en los medios de comunicación, en los foros científicos, en las consultas médicas y en las mentes de las usuarias, hasta que en julio de 2002 saltó a la prensa la noticia de que en Estados Unidos se había suspendido el mayor estudio longitudinal acerca de la terapia hormonal, dadas las evidencias que se acumulaban en su contra. El ensayo clínico llevado a cabo por el Women's Health Initiative (WHI), en el que estaban implicadas 16.000 mujeres y que iba a prolongarse hasta 2005, fue suspendido por las autoridades sanitarias de Estados Unidos al comprobar que dicha terapia hormonal conllevaba un incremento en determinados problemas graves de salud para las mujeres, como el infarto o el cáncer de mama. La pregunta era si el uso de la terapia hormonal, administrada sola o en conjunción con la terapia estrogénica, protegía o aumentaba el riesgo de diversas enfermedades. Los resultados señalaban un aumento en el riesgo de cáncer de mama, de enfermedades coronarias y la posibilidad de derrame cerebral y trombosis, que superaban los posibles beneficios (reducción de las fracturas de cadera y cáncer colorectal). En concreto, se demostró que de cada 10.000 mujeres que toman la terapia hormonal durante un año se daban ocho casos más de cáncer de mama invasivo, siete más de ataque cardíaco y ocho de ictus, que entrre las mujeres que no la tomaban. Además, el riesgo de padecer accidentes vasculares cerebrales se incrementó en el 31% entre las mujeres que recibían terapia hormonal.[5] Los resultados obtenidos dejaban claro que los riegos superaban los beneficios. A partir de ahí, no han parado de salir a la luz noticias y más noticias que advierten de que tampoco es conveniente para evitar la osteoporosis o que no tiene ninguna influencia beneficiosa sobre los signos externos del envejecimiento y que su utilización debe limitarse, puesto que los beneficios, efectivamente, no compensan los riesgos.[6]

Sin embargo, en nuestro país los laboratorios se apresuraron a informar a sus clientas de que estaban de suerte, ya que «nuestros» tratamientos son diferentes y, casualmente, no incluyen las hormonas peligrosas: «[...] Las sustancias utilizadas, aunque son de la misma familia, son diferentes», afirmaba una portavoz de la Asociación Española para el Estudio de la Menopausia (AEEM).[7] Por su parte, la Agencia Nacional del Medicamento (ANM) —en su comunicado del 11 de julio

5. Valls Llobet, Carme (2003), «Terapia hormonal sustitutiva, terapia demencial», *Mujeres y Salud,* n°s 11-12, págs. 16-17.

6. Writing Group for the Women's Health Initiative Investigators (2002), «Risks and benefits of estrogen plus progestin in healthy postmenopausal women. Principal results from the Women's Health Initiative Randomized Controlled Trial», *JAMA,* n° 288, págs. 321-333.

7. Kolata, Gina (2002), «Jarro de agua fría a la eterna juventud femenina. Interrumpido el mayor estudio de terapia hormonal sustitutiva por riesgo de cáncer e infarto», *El País,* 16 de julio de 2003, pág. 34.

de 2002 sobre los «riesgos y beneficios del tratamiento hormonal sustitutivo con estrógenos asociados a prostágenos»— nos ofrece una peculiar interpretación de la evidencia científica derivada del ensayo clínico de la WHI. En ella confirma que «el beneficio probado del tratamiento a corto plazo para la mayoría de las mujeres, supera a los riesgos potenciales» —cuando en el texto publicado por la WHI no se hace referencia alguna a los posibles beneficios del tratamiento a corto plazo— y, lo que resulta más sorprendente, la ANM concluye su comunicación afirmando que «los resultados del estudio [de la WHI] no sugieren que exista ninguna necesidad de que *las pacientes* interrumpan el tratamiento».[8]

El interés prestado por los medios de comunicación a esta noticia tuvo un efecto colosal. El *International Herald Tribune* del 21 de marzo de 2003 titulaba uno de sus editoriales: «Pills that harm» (Pastillas nocivas) y en él se podía leer: «Cada vez resulta más evidente que las mujeres son tontas si siguen tomando las píldoras hormonales». Después de relatar los hallazgos del citado ensayo americano, termina afirmando sin paliativos que «los resultados deberían zarandear la conciencia de quienes han creído, basándose en informes superficiales y estudios científicos poco rigurosos, que los tratamientos hormonales permiten a las mujeres sentirse mejor». Hoy sabemos que no y, sin embargo, seguimos oyendo a insignes médicos afirmar que las mujeres españolas tenemos una mentalidad que nos hace reacias a tomar medicamentos para algo que consideramos normal (sabias por naturaleza, cabría puntualizar), pero que deberíamos entrar en razón y

---

8. La cursiva es mía, pues deseo llamar la atención sobre la consideración que la ANM tiene de las mujeres menopáusicas como enfermas, necesitadas de tratamiento.

seguir esta terapia; eso sí, «no más de un lustro». Lo dicen sin empacho.

Una de las consecuencias inmediatas de este impactante informe ha sido la disminución de la prescripción de estrógenos, especialmente en países como Estados Unidos, donde se realizó el estudio principal. En este país, en concreto, se pasó de 90 millones de prescripciones en 2002 (año en que se publicaron los resultados del WHI), a 60 millones en 2003. Treinta millones menos de recetas en un año: se dice pronto. Usuarias y clase médica parece que, finalmente, se han tomado en serio, aunque sea parcialmente, los preocupantes informes. Y hacen bien, porque un reciente informe de la Universidad de San Antonio (Texas) constata que, justamente en este tiempo, entre agosto de 2002 y diciembre de 2003, se ha registrado en Estados Unidos un descenso del 15% en la incidencia del cáncer de mama. Este resultado se ha atribuido a la limitación del uso de la terapia hormonal.[9] No andábamos tan equivocadas.

De todas maneras, diversas pequeñas noticias en los periódicos habían ido desgranando con anterioridad informaciones nada tranquilizantes. El 11 de abril de 2000 en *El País* una «píldora» informativa decía: «La terapia de reposición hormonal (TSH) que toman muchas mujeres para reducir el riesgo cardiovascular, entre otras cosas, puede con el tiempo aumentar las posibilidades de padecer un infarto cardíaco o cerebral». En el mismo periódico podemos leer en mayo de 2001: «La terapia hormonal eleva el riesgo coronario en mujeres con arterioesclerosis. El primer año de tratamiento registra más crisis». ¡Vaya! Aunque también es cierto que algunas revistas pioneras, al alcance de la población española desde hace ya

9. *El País*, 16 de diciembre de 2006, pág. 45.

67

una década —como *Mujeres y Salud* (MyS)—,[10] han informado puntual y sistemáticamente de los peligros asociados a estos tratamientos, con una persistencia admirable y una visión premonitoria de lo que posteriormente la ciencia ha confirmado, en este tema y en tantos otros que afectan a la vida cotidiana y el bienestar físico y psicológico de las mujeres.

Lo cierto es que los resultados del estudio del WHI no supusieron una sorpresa inesperada, puesto que durante décadas se habían ido llevando a cabo estudios que cuestionaban la seguridad de la terapia hormonal de reposición, tanto durante la menopausia como en los años posteriores.[11] Sin embargo, el poder emocional de la promesa de la eterna juventud parece que borra de un plumazo cualquier sombra de preocupación que pueda aparecer ante los resultados inquietantes que, a modo de goteo, hemos ido conociendo. Hoy podemos afirmar con alivio que una buena parte de nuestra clase médica no piensa igual; en este sentido, José Ramón Rueda[12] comenta, refiriéndose a la prescripción de los tratamientos hormonales de sustitución, que «el remedio es peor que la enfermedad», dado que se ha medicalizado y provocado enfermedades en mujeres sin ningún problema de salud o que simplemente padecían molestias temporales que en algunos casos acompañan al periodo de la menopausia, pero que no implican ningún problema serio de salud», por lo

10. Véase <http://mys.matriz.net>.

11. Bond, Meg y Bywaters, Paul (1998), «Working it out for ourselves: Women learning about hormone replacement therapy», *Women's Studies International Forum*, vol. 21, nº 1, págs. 65-76; Breslau, Erica S.; Davis, Willian W.; Doner, Lynne; Eisner, Ellen J.; Goodman, Nina R.; Meissner, Helen I. y otros (2003), «The hormone therapy dilemma: Women respond», *JAMWA,* vol. 58, nº 1, págs. 33-43.

12. Rueda, José Ramón (2004), «La medicalización de la menopausia: El caso de yatrogenia más importante en la historia de la medicina», *Mujeres y Salud*, nos 13-14, págs. 10-13.

que, desde su punto de vista, estamos ante «el caso de yatrogenia (daño causado por intervención médica), más importante de la historia de la medicina y la salud pública». Además, la mayoría de los estudios realizados sobre la terapia de sustitución hormonal se habían realizado sobre poblaciones sesgadas —mujeres que deseaban tomarla— y eran financiados por los laboratorios, con lo que se vulneran bastantes principios de lo que se supone debe ser una investigación «científica».[13]

Duros a cuatro pesetas

Kathleen I. MacPherson[14] afirma que la historia del empleo de la terapia de reposición hormonal se sostuvo sobre tres «falsas promesas» en diferentes periodos de la historia: entre 1966 y 1975, con la promesa de la belleza y la feminidad eterna; entre 1975 y 1981, con la de una menopausia segura y sin síntomas, y a partir de 1980, con la de escapar de las enfermedades crónicas. Muchas de estas promesas se sustentan, en el fondo, en la retórica del miedo con que las mujeres de Occidente miramos el envejecer y sus estigmas: fealdad, enfermedad, decrepitud, etc.

El lenguaje médico de la menopausia tiene como objetivo determinados órganos y tejidos, en tanto que se consideran especialmente sensibles al declinar de los ovarios: los órganos pélvicos (vulva, vagina, útero), los pechos, la piel y los huesos (osteoporosis); también se consideran implicados el sistema cardiovascular y los estados mentales (Alzheimer).

13. Valls Llobet, Carme, *op. cit.*
14. MacPherson, Kathleen I. (1993), «The False Promises of Hormone Replacement Therapy and Current Dilemmas», en Joan C. Callahan (comp.), *Menopause: a midlife passage*, Bloomington, Indiana University Press, págs. 145-159.

El riesgo cardiovascular aumenta en las mujeres —y también en los hombres—, a medida que nos hacemos mayores, tanto si tomamos o no hormonas de reposición. Por otra parte, a partir de los 35 años la densidad de nuestros huesos empieza a disminuir y algunas mujeres, no forzosamente todas, podemos sufrir osteoporosis. La calidad de la densidad de nuestros huesos tiene que ver con nuestra historia genética y también con el estilo de vida y la alimentación, así como con determinados aspectos ambientales y contextuales. Además, las hormonas no nos protegen necesariamente de las fracturas de cadera. La tasa de éstas en los lugares del mundo en los que las mujeres toman tratamientos hormonales de reposición (Estados Unidos y Europa, especialmente) son superiores a las de las mujeres de los lugares donde la terapia hormonal de sustitución prácticamente no se utiliza (Asia y África). Parece evidente, pues, que otros factores, más allá de los niveles hormonales, son responsables de la osteoporosis, evidencia que nos invita a pensar en la influencia de los estilos de vida, el estrés, la alimentación, el ejercicio físico, etc., sobre la calidad de nuestra osamenta al hacernos mayores.[15]

Tanto el riesgo de la osteoporosis como el cardiovascular se pueden prevenir, en la mayoría de los casos, a través de una dieta con suficiente calcio y vitamina D y ejercicio físico —andar, correr, nadar, etc.—. En cuanto al aumento de peso, que constituye otro de los problemas achacados a la menopausia, curiosamente, éste es un elemento que actúa, en términos de salud, de manera inversa. El peso elevado perjudica la salud cardiovascular, en cambio, hacer ejercicio físico para mantenerse en forma y, de paso, perder peso, influye de manera positiva en la densidad ósea, a la vez que nos permite sentirnos mejor en nuestro cuerpo.

15. Meyer, Vicki F. (2003), «Medicalized Monopause, U.S. Style», *Health Care for Women International*, nº 24, págs. 822-830.

Diversas evidencias científicas muestran que el tratamiento hormonal reduce los sofocos y la sequedad vaginal y produce una disminución del colesterol «malo» (LDL) y un aumento del colesterol «bueno» (HDL) en sangre; sin embargo, tanto el colesterol como la osteoporosis pueden controlarse de manera más segura a través de la dieta y la práctica más o menos sistemática de ejercicio físico, que tienen, además, otros beneficios añadidos y no incluyen los riesgos conocidos y desconocidos de la ingestión de hormonas. Además, la protección que ofrecen las hormonas en los riesgos cardiovasculares desaparece en cuanto se interrumpe el tratamiento, de manera que haberlas tomado, incluso durante años, no ofrece protección a largo plazo.

Pese a toda esta información, la idea básica que postula el modelo médico es que *todas* las mujeres deberíamos tomar el resto de nuestra vida el tratamiento hormonal de reposición, que preconizan como universalmente beneficioso. Así, no resulta sorprendente encontrar en las revistas profesionales que es recomendable para todas las mujeres, excepto para las que tienen alto riesgo de sufrir cáncer de mama. A esta idea básica se han opuesto las propias usuarias, las organizaciones médicas de mujeres, parte de la comunidad científica y médica y las pensadoras feministas.[16] Por otra parte, la insistencia en que las mujeres mediquen su menopausia entra en contradicción con las convicciones de éstas acerca de la naturalidad del proceso; pone en cuestión sus creencias, produce temor e inseguridad, ambivalencia y confusión acerca de cómo comprender y evaluar los argumentos de estas diferentes perspectivas. Joan Callahan considera que la clase médica, al tratar de

16. Lock, Margaret (1998), «Anomalous Ageing: Managing the Postmenopausal Body», *Body & Society*, vol. 4, nº 1, págs. 35-61.

persuadir a todas las mujeres de que deberían aceptar la terapia hormonal, ha actuado con irresponsabilidad y que las mujeres deben recibir formación e información individualizada y clara sobre los riesgos que pueden sufrir con estos tratamientos, argumentos que también recoge el *International Herald Tribune* en su famoso editorial de 21 de marzo de 2003.

Deshojando la margarita

> Aprovecha la claridad de visión, que es el regalo de la menopausia, y úsala para hacer que la segunda mitad de tu vida sea verdaderamente tuya.
>
> CHRISTIANE NORTHRUP[17]

Las continuas informaciones contradictorias sobre las ventajas e inconvenientes del tratamiento hormonal, el posicionamiento ideológico de la clase médica a la defensiva de los argumentos contrarios planteados por las pensadoras feministas, que han sido vividos como una amenaza global, han llevado a que las mujeres se debatan en un mar de dudas. La información dispensada por las batas blancas ha tenido durante muchos años un gran poder sobre la actitud básicamente crédula de las mujeres, dado el poder que la clase médica dispone como representante del conocimiento científico.

Las usuarias habituales del tratamiento hormonal de reposición son mujeres con alto nivel económico y educativo; mujeres que cuidan su peso y suelen vigilar su salud con mayor atención que las que no lo toman; mujeres blancas, preferen-

17. Northrup, Christiane (2001/2002), *La sabiduría de la menopausia*, Barcelona, Urano, pág. 53.

temente de países desarrollados, con elevado nivel de ingresos. De manera que el consumo de estrógenos se relaciona más con el estatus socioeconómico que con la posibilidad de sufrir algunas de las patologías clínicas concretas que requieran tratamiento. En el estudio de Erica Breslau y colaboradores[18] queda claro que la educación y el nivel socioeconómico son también factores importantes para disponer o no de información acerca de los diferentes hallazgos médicos sobre los tratamientos hormonales, siendo, además, especialmente sensibles a este tipo de información las mujeres que han sido usuarias de tales tratamientos.

Está claro que la necesidad de información es más acuciante para las mujeres a quienes más afecta el tema: las más jóvenes que se encuentran en los primeros años de la menopausia, y las que han tomado durante algunos años estos tratamientos, puesto que los riesgos potenciales son para ellas claramente más elevados. Lógicamente, las mujeres mayores se sienten menos interesadas o inquietas por los diversos hallazgos preocupantes, ya que éste es un tema que no les atañe demasiado, en este momento de su vida.

La salud es un tema que nos ha interesado siempre a las mujeres, en gran medida porque hemos sido las cuidadoras y criadoras habituales y esa responsabilidad con la salud y el bienestar de la especie humana nos ha hecho especialmente sensibles a ella. Las mujeres de todas las edades deseamos disponer de información veraz y comprensible sobre los temas que atañen a nuestra salud y nuestra sexualidad. Los debates de hace unas décadas acerca de los peligros asociados a la píldora anticonceptiva y los que en los últimos años estamos viviendo en rela-

18. Breslau, Erica S.; Davis, Willian W.; Doner, Lynne; Eisner, Ellen J.; Goodman, Nina R.; Meissner, Helen I. y otros, *op. cit.*

ción con la terapia de reposición hormonal, evidencian la falta de una información clara, honesta y fidedigna que nos permita tomar decisiones acerca de nuestra salud, más allá de los intereses financieros de determinados sectores. Existe una brecha entre el deseo de las mujeres de conocer las consecuencias positivas y negativas que sobre su salud tienen determinados tratamientos y la información disponible. Los medios de comunicación y los propios servicios médicos son las fuentes primarias de información sobre los asuntos relacionados con la menopausia, los tratamientos de reposición hormonal y la salud de las mujeres en general. Sin embargo, hay un amplio sector de población que carece de medios y oportunidad de recibir una información suficientemente clara al respecto, para lo cual se debería disponer en los servicios públicos de salud de espacios de ayuda e información para la toma de decisiones.

Frente a la plétora de elecciones posibles y la escasez de información disponible, las mujeres se ven obligadas a tomar decisiones referentes a su menopausia para las que no se sienten suficientemente informadas. Así, decidir suspender el tratamiento hormonal o seguir con él resulta un dilema importante y nada fácil de resolver. Al respecto Bond y Bywaters[19] sugieren que las mujeres que están preocupadas o interesadas por su salud toman este tipo de decisiones normalmente después de buscar información en diversas fuentes, que no forzosamente provienen de su médica o médico y que suelen partir de la experiencia de otras mujeres cercanas, que se convierten en consejeras más o menos fiables, lo cual no contribuye a que la toma de decisiones se adapte a las necesidades concretas de cada mujer.

Desde siempre, muchas mujeres han abandonado el tratamiento hormonal al poco tiempo de empezarlo. Aproximada-

19. Bond, Meg y Bywaters, Paul, *op. cit.*

mente el 50% de quienes lo inician lo dejan al año y el 75% dentro de los tres primeros años. Lo hacen por razones diversas, que van del malestar o la incompatibilidad, teniendo mucho que ver también con la inquietud generada por la información fragmentaria y confusa. Normalmente se trata de una decisión muy sopesada por las interesadas, a pesar de que ha sido aducida como una muestra de la irracionalidad femenina.[20]

Hasta hace poco tiempo apenas hemos dispuesto de estudios que nos permitieran conocer el pensamiento de las mujeres sobre las razones que las llevan a abandonar el tratamiento, y, a través de su experiencia, poder generar conocimiento para la práctica. Este tipo de información que nos invita a reconocer que la decisión de continuar o interrumpir no supone una opción inconsistente o perversa, sino que se sustenta en una lógica cuya coherencia interna importa como conocimiento tanto para la ciencia como para la práctica clínica y asistencial y, sobre todo, puede resultar de gran utilidad para el acompañamiento de otras mujeres que se encuentran en circunstancias similares.

Las mujeres reconocen que su decisión de suspender el tratamiento hormonal parte fundamentalmente de un cuidadoso trabajo personal, en el que tratan de tomar decisiones que tengan en cuenta sus intereses reales.[21] Para llevar a cabo esta

20. Hunskaar, Steinar y Backe, Bjorn (1992), «Attitudes towards and level of information on perimenopausal and postmenopausal hormone replacemente therapy among Norwegian women», *Maturitas*, nº 15, págs. 183-194.

21. Este sistema de proceder mentalmente es uno de los que Belenky y sus colaboradores identificaron en su trabajo sobre las formas de las mujeres de llegar al conocimiento y Meg Bond y Paul Bywaters (*op. cit.*) reconocen que tienen gran importancia tanto para iniciar como para suspender el tratamiento hormonal: Belenky, Mary Field; McVicker, Blythe; Goldberger, Nancy Rule y Tarule, Jille Mattuck (1986), *Women's ways of knowing*, Nueva York, Basic Books.

evaluación, las mujeres se basan en su propia experiencia y en los relatos de otras mujeres, que les permiten tener, en el momento actual, un pensamiento progresivamente crítico acerca del estado real del conocimiento científico con respecto a la terapia hormonal de reposición.

> Tuve la menopausia a los 38 años. Un día dijo el periodo que se iba y se fue. Me dijeron que para que volviera tenía que empastillarme por lo menos durante diez años. Me pronosticaron que mi cuerpo y mi piel envejecerían antes... y con tal de no tomar el tratamiento hormonal de sustitución asumí que mis arrugas se notarían antes que a las demás. Decidí que la naturaleza siguiera su curso.

Muchas veces abandonar o no el tratamiento tiene más que ver con el conflicto generado por las informaciones contradictorias y el resquemor que esta incertidumbre genera, que con otras razones. En definitiva, también es cierto que tomar esta decisión puede ser para determinadas mujeres una oportunidad para asumir el control de su propia menopausia.

Ante la resistencia de tantas mujeres a obedecer ciegamente el consejo de hormonarse de por vida, el discurso médico ha ido evolucionando. Si inicialmente se recomendaba la terapia de reposición hormonal por tiempo limitado (no superior a cinco años), a mujeres que presentaban determinadas sintomatologías, con el tiempo se prescribió para todas las mujeres durante toda la vida, con la amenaza de que «de no hacerlo» seguiríamos enfermas (hormonodeficientes), nos moriríamos de infarto y el peligro de sufrir Alzheimer u osteoporosis nos acompañaría hasta la muerte. Poco a poco se desarrollaron nuevos argumentos en los que se apelaba a la «inteligencia» y al acceso privilegiado al conocimiento científico: las mujeres «sabias» saben lo que deben hacer con su cuerpo para evitar los peligros de la menopausia y, en consecuencia, toman hormonas. Tampoco así iban mejor las cosas para el negocio menopáusico, en gran medida porque el avance de los argumentos de las pensadoras feministas, así como las primeras evidencias científicas que informaban acerca del peligro del cáncer de endometrio y mama, encendieron la luz de alarma en la mente de las mujeres. Además, muchas de ellas disponían de una experiencia personal que les permitía saber que el proceso no era tan grave como les habían anunciado. Había, pues, que cambiar el discurso. Dado que la amenaza de la enfermedad no resultaba suficientemente eficaz, se elaboró entonces el argumento de la salud. ¿Queréis vivir muchos años y sanas?, pues ahí tenéis la solución: la terapia hormonal de sustitución os va a permitir vivir años y años alejadas de toda amenaza para vuestra salud. Además, gracias a las hormonas, no sólo estaréis saludables, sino que os mantendréis jóvenes toda la vida; alejaréis el fantasma de la vejez, tendréis cuerpos juveniles, rostros sin arrugas, huesos de acero y corazones a prueba de vida cotidiana. Seréis atractivas —aunque, de todas maneras, no os elegiremos sexualmente— y decorativas. ¿Qué más queréis?

En contrapartida, aquellas primeras evidencias científicas alarmantes se han ido convirtiendo en un clamor. Un Vietnam para los laboratorios farmacéuticos. La batalla de David y Goliat se reproduce de nuevo en numerosas consultas ginecológicas, en un cuerpo a cuerpo que va del consejo paternal, amable y cómplice —«¿cómo vas a ir en carro, pudiendo ir en Mercedes?»—, a la amenaza velada de la enfermedad, el deterioro y la vejez, pasando por la promesa de la belleza y la exaltación de la vida saludable. Todo en vano. Millones de mujeres de los países del primer mundo ya disponen de información suficiente para cuestionar el modelo y se muestran inconstantes y reticentes. Ahora bien, la perversidad del sistema no tiene límites. El mundo es grande y para «la industria menopáusica» no existen fronteras. Las promesas que hoy no convencen a las mujeres del primer mundo, se reeditan en otros países menos desarrollados donde las mujeres «adelantadas» empiezan a reclamar la terapia de reposición hormonal para poder gozar, ellas también, de una vida «saludable».[22] El círculo perverso se perpetúa.

La industria menopáusica

El súbito interés de la clase médica y de la industria farmacéutica por la salud de las mujeres a partir de la mediana edad es, pues, cuando menos sospechoso, si tenemos en cuenta que históricamente la menopausia ha carecido de interés médico. Sin embargo, el aumento de la esperanza de vida y el descenso de la tasa de natalidad llevó al descubrimiento del mercado potencial que suponía el elevado número de mujeres menopáusicas y posmenopáusicas de las sociedades opulentas. Mujeres que acuden al sistema de salud con «la firme resolución» de vivir saludablemente y con bienestar los largos años que nos ha regalado el siglo XXI. Un suculento negocio.

Ingar Palmlund[23] estudió durante tres décadas el mercado de los estrógenos y las progesteronas. Siguiendo a Bourdieu, argumenta que, en este caso, no sólo el afán de incrementar el

22. Meyer, Vicki F., *op. cit.*
23. Palmlund, Ingar (1997), «The marketing of estrogens for menopausal and postmenopausal women», *Journal of Psychosomatic Obstetrics and Gynecology*, vol. 18, págs. 158-164.

capital económico ha influido en el desarrollo de los discursos, sino que distintos actores —industria farmacéutica, clase médica, medios de comunicación— han incrementado, gracias a ello, su capital social y cultural. Esto explica que todos ellos se hayan aliado en la construcción social de la menopausia como una situación de riesgo que únicamente podemos evitar a través del mercado de las hormonas. Todo ello se ha sostenido en gran medida a través de la vinculación que en nuestra sociedad se ha establecido entre menopausia y vejez = fealdad, que supone una jugosa fuente de ingresos para la industria cosmética y farmacéutica que se ha esforzado en enfatizar los supuestos efectos milagrosos de las hormonas y cremas para la consecución de la eterna juventud, con campañas publicitarias de largo alcance psicológico y emocional. En ellas se promete una piel tersa y sin arrugas, un cuerpo joven y ¡femenino! y, sobre todo, mantenernos en la barca de la visibilidad y el atractivo.

Las campañas de marketing a favor del tratamiento de reposición hormonal se dirigen directamente a manipular nuestra incertidumbre hacia el envejecer y exacerban el miedo a dejar de ser femeninas, en lugar de ayudarnos a tomar las riendas de la salud en este largo periodo que se abre para nosotras. Todo ello no sólo aumenta nuestra dependencia de la clase médica sino que, fundamentalmente, engrosa los beneficios de lo que Sandra Coney[24] define como «la industria menopáusica». Puesto que todas las mujeres seremos menopáusicas, si afortunadamente vivimos el tiempo suficiente para ello, tratar el desarrollo evolutivo normativo como una patología supone una fuente inagotable de enriquecimiento a nuestra costa.

24. Coney, Sandra (1994), *The menopause industry: How the medical establishment exploits women*, Alameda, California, Hunter House.

La publicidad de los primeros años de la terapia de sustitución hormonal mostraba en masa a las mujeres menopáusicas de manera patética, tristes, claramente deprimidas y cansadas. Con el tiempo se debieron dar cuenta de que éste no era el modelo de mujer con el que las posibles clientas querrían identificarse, así que a partir de la década de 1990 hubo un cambio radical en las imágenes ofrecidas de las mujeres menopáusicas, tanto en las revistas médicas como en los productos farmacéuticos, en las presentaciones científicas y en los medios de comunicación. Ahora, aparecen delgadas, sonrientes, activas, sin arrugas e incluso *sexys*.

Las mujeres feministas llevamos años y años advirtiendo acerca del negocio que entre unos y otros se traen con nuestros cuerpos y nuestras vidas. El mito de la belleza, la gran revolución pendiente en nuestra agenda, ha servido de anzuelo para que miles y miles de mujeres, situadas en la mitad de una vida en la que han actuado básicamente como «seres para los otros» —lejos de sus deseos y necesidades, estresadas en el cuidado de las generaciones anteriores y futuras, incorporadas al mercado laboral en condiciones precarias, sin tiempo para sí— decidan aventurarse en la utilización de una terapia que les promete seguir siendo jóvenes, sin arrugas, sin sofocos, sin sin. Seguir siendo mujeres, al fin, en una sociedad en la que somos definidas a partir de la capacidad de reproducción y utilizadas como conejillos de Indias, para beneficio de la industria farmacéutica y médica que ha visto en el mercado de la mediana edad una fuente inagotable de riqueza.

No en nuestras manos

Uno de los supuestos avances del siglo XX fue la extensión del sistema de salud, la modernización de la medicina y de los hospitales —con el uso de tecnologías avanzadas— y, sobre todo, la reificación del poder de la clase médica sobre los cuerpos, especialmente la consideración de que los cuerpos femeninos, en sus funciones reproductivas, necesitaban ser indefectiblemente tratados. Los avances de la medicina, los intereses de la industria farmacéutica, el mayor poder adquisitivo de la población y el mito de la belleza y de la eterna juventud, hicieron el resto.

Si hasta entonces llevábamos a cabo las tareas reproductivas con paciencia y sabiduría en nuestras casas —sábanas blancas, agua caliente, matrona, silencio, emoción, desconocimiento del sexo del bebé en ciernes—, ahora el «adelanto» consistía en hacer dejación de nuestros saberes y ofrecer nuestros partos y menopausias a la clase médica. Hasta los siglos XVI y XVII el embarazo, el parto y el posparto eran asuntos femeninos en los que disponíamos de autonomía y autoridad reconocida. Hasta entonces, en las imágenes que representan partos, las parturientas son asistidas por otras mujeres. Sin embargo, a partir del siglo XVI, gracias a la reacción de las autoridades religiosas del momento, se produce un cambio en las representaciones pictóricas que anuncia la transformación futura. A partir de ahora, los ángeles reemplazan a las mujeres en la asistencia en este momento crucial, de manera que se atribuye a ellos la atención a los partos. Ángeles que, en la vida real serán sustituidos por personal sanitario, cada vez con mayor presencia masculina.[25]

25. Duby, Georges y Perrot, Michelle (comps.) (1990/2000), *Historia de las Mujeres*, vol. 3: *Del Renacimiento a la Edad Moderna*, Madrid, Taurus.

La medicalización de los procesos naturales de la vida, a partir de la creación de las especialidades de obstetricia y ginecología, en unos tiempos en los que las mujeres no teníamos acceso a la universidad, nos apartó del ejercicio legitimado de nuestros conocimientos ancestrales. A partir de ahí hemos parido en posiciones imposibles —cómodas, eso sí, para el ginecólogo o ginecóloga—, empapuzadas de química para acelerar las contracciones y con altísimas probabilidades de no librarnos del corte (episiotomía) y los puntos correspondientes que nos amargan el posparto y en numerosas ocasiones la futura satisfacción sexual; aunque ahora todo esto puede quedar pronto para el recuerdo, si tenemos en cuenta que somos uno de los países con mayor número de cesáreas. El parto, como la menopausia en el caso de las histerectomías, también se lleva a cabo por decreto, en nuestra sociedad tecnológica y estresada.

Cuando llega el momento de la menopausia, nuestros cuerpos son sometidos a los protocolos clínicos que deciden lo que tenemos que hacer, sí o sí, porque ahora que ya no tenemos la regla, pueden ocurrirnos muchas cosas. La gran complejidad biopsicosocial de la menopausia ha sido simplificada a través de las guías practicas que orientan a médicas y médicos acerca de cuáles son los caminos a seguir en la consulta cuando una mujer de mediana edad comenta que sufre alguno de los famosos síntomas atribuidos a la menopausia, en cuyo caso se le prescribe el «tratamiento oportuno». Los protocolos pretenden ser «objetivos», para evitar que la médica o el médico actúe según su buen saber y entender, aunque el margen de subjetividad no deja de ser preocupante. ¿De qué prejuicios se parte cuando se decide tal o cual tratamiento? En muchos casos se deriva a la mujer al ginecólogo o ginecóloga, o directamente se le receta un tratamiento que tiene muchas probabilidades de que consista en una buena dosis de hormonas o de psicofármacos, según se considere que «estamos de los nervios» o «estamos de las hormonas». ¿Dónde queda la escucha?

En la madurez se nos muestra como «víctimas de la edad» y de nuestra diferencia sexual, necesitadas de ayuda médica para tratar esta «enfermedad» innombrable, y, sobre todo, para poder sentirnos de nuevo «jóvenes y femeninas». La medicalizacion de la menopausia —y la de los procesos naturales de la vida femenina, como el parto, la lactancia, la menstruación— ha alejado a las mujeres del dominio y del control de sus cuerpos. Ha minado su confianza en nuestra capacidad para recorrer esta experiencia con la misma naturalidad con que afrontamos cualquier otra transición anterior, y nos impide confiar en que se trata de un proceso natural y saludable y, sobre todo, ha exacerbado el miedo al envejecer.[26]

La idea de que las mujeres necesitamos tomar hormonas para mantenernos sanas equivale a decir que nuestros cuerpos son imperfectos, que la naturaleza «debe ser corregida». Nos convierte en «pacientes de por vida» y en receptoras pasivas de atención médica. Al otorgar a la clase médica toda la autoridad sobre nuestros cuerpos durante un montón de años, nos alejamos de nuestra capacidad para comprender el momento en que nos encontramos y asumir la responsabilidad de nuestra salud. Todo ello hace que para muchas mujeres resulte difícil esta transición que se espera con demasiado miedo para vivirla con naturalidad. La investigación reciente ha mostrado que las mujeres que conceptualizan la menopausia dentro del

26. Ferguson, Susan y Parry, Carla (1998), «Rewriting Menopause: Challenging the Medical Paradigm to Reflect Menopausal Women's Experiences», *Frontiers. A Journal of Women Studies*, n° 19, págs. 20-41.

paradigma biomédico tienen actitudes más negativas hacia ella, que redundan en mayores síntomas depresivos.[27]

Susan Ferguson y Carla Parry[28] muestran una actitud crítica hacia la medicalización de la menopausia porque, en su opinión, perpetúa la obsesión insana de nuestra sociedad con el cuerpo de las mujeres, desacredita y falsea su experiencia, minimiza los riesgos de la terapia de reposición hormonal y utiliza tácticas que aseguran la adhesión de las mujeres al modelo médico de la menopausia. Todo ello se produce en tanto que, desde esta perspectiva, se vinculan las experiencias de las mujeres a la biología y se minusvalora e ignora el peso que su posición social, económica y política —derivada de la diferencia sexual— tiene en la vivencia de este cambio, tanto anímica como físicamente.

La medicalización y la estigmatización de la menopausia han servido para patologizarla y para connotar negativamente a las mujeres menopáusicas. No nos ayuda en el proceso de concienciación, aceptación y toma de posesión de nuestro organismo y nuestra menopausia, sino que nos lleva a tener una actitud obsesiva con el cuerpo y el envejecer. Amén de que permite un control de la clase médica sobre nuestras vidas que —y eso me parece muy grave e importante— elimina la voz de las mujeres del argumento legitimado, al generar un conocimiento incompleto de la experiencia femenina en este periodo de la vida.

La argumentación de retener la feminidad ha evolucionado hacia el discurso sobre el mantenimiento de la salud. Necesitamos preguntarnos qué es lo que las mujeres de mediana edad

---

27. Dennerstein, Lorraine; Lehert, P. y Guthrie, J. (2002), «The effects of the menopausal transition and biopsychosocial factors on well-being», *Archives of Women's Mental Health*, nº 5, págs. 15-22; Gannon, Linda y Ekstrom, Bonnie (1993), «Attitudes towards Menopause: The Influence of Sociocultural Paradigms», *Psychology of Women Quartely*, nº 17, págs. 275-288.

28. Ferguson, Susan y Parry, Carla, *op. cit.*

necesitan realmente en términos de salud y si de verdad requieren la ingestión general de hormonas. La retórica actual ha cambiado el eslogan de Wilson, que enfatizaba la posibilidad de «permanecer femeninas para siempre», por la insistencia en señalar la oportunidad que el tratamiento hormonal de sustitución nos ofrece de «vivir de manera más sabia». Necesitamos oponernos al lenguaje que utiliza la terapia hormonal de sustitución, en la medida en que contribuye a la construcción de la menopausia como una deficiencia y una enfermedad. No hay ninguna razón para asumir que una mujer deba tener los mismos niveles hormonales durante y después de sus años reproductivos.[29] Entre todas tendremos que reescribir y desmedicalizar el lenguaje y la explicación de la menopausia. Limpiarlo de expresiones como «tratamiento», «síntomas» y «patología» y plantear la experiencia en términos de cambio vital normalizado, a través de las diversas y contradictorias voces de las protagonistas.

Una de las tareas que tenemos planteadas es cómo desestigmatizar la menopausia; al fin y al cabo las mujeres queremos tener la menopausia y poder pregonarla, si queremos y nos parece bien, retando los mitos, los estereotipos y las imágenes degradantes que sobre esta transición ofrecen los medios de comunicación, la literatura y la industria médica, farmacéutica y cosmética. Las mujeres que en este momento vamos camino de la vejez llevamos superados muchos frentes. Conquistamos la anticoncepción, el derecho al aborto, al divorcio, la igualdad legal, el reconocimiento de la diferencia sexual, la coeducación y, más recientemente, otros derechos altamente transformadores de la vida real, como el matrimo-

---

29. Callahan, Joan C. (2000), «Menopause: Taking the cures of curing the takes?», en Margaret Urban Walker (comp.), *Mother Time. Women, Aging and Ethics*, Lanham, Rowman & Littlefield, pás. 151-174.

nio y la adopción para las personas homosexuales. Llevamos muchas batallas incruentas ganadas; no somos personas fáciles de convencer ni de manipular; en nuestro esfuerzo colectivo por llegar a ser nosotras mismas, por decidir si queríamos o no reproducirnos y qué queríamos hacer con nuestros cuerpos y nuestras vidas, hemos aprendido a oler rápidamente el tufillo de la conveniencia patriarcal y a rehuirlo.

La menopausia por decreto

Nacemos en un cuerpo sexuado femenino y esta experiencia marca toda nuestra existencia. A partir de las percepciones que recibimos a través de nuestro cuerpo desarrollamos nuestro sentimiento de identidad. La identidad de género es un componente fundamental a través del cual las mujeres y los hombres somos reconocidos por otras personas y por nosotras mismas;[30] ahora bien, para las mujeres la diferencia sexual constituye un elemento clave y, con más frecuencia que los varones, nos describimos a nosotras mismas a partir de ella.[31]

La identidad sexual es importante, y se apoya en la existencia de un aparato genital específico, que en el caso de las mujeres incluye útero y ovarios. Sin embargo, pese a la importancia que socialmente se atribuye a estos órganos como símbolo de la identidad femenina, la histerectomía (extirpación quirúrgica del útero) es una de las operaciones más frecuentes en la cultura occidental. Con ella suelen desaparecer también un buen número

30. Katz, Phyllis A. (1979), «Development of female identity», *Sex Roles*, n° 5, págs. 155-178.
31. Deaux, Kay y Major, Brenda (1990), *A social-psychological model of gender*, New Haven, Yale University Press.

de ovarios (ooforectomía) en perfecto estado. En el siglo XIX se realizaban histerectomías para tratar problemas ginecológicos y también supuestas alteraciones psicológicas de las mujeres; sin embargo, curiosamente, en el siglo XX se realizan para tratar problemas ginecológicos normalmente benignos y no se tienen en cuenta sus consecuencias psicológicas, a pesar de que un alto número de mujeres histerectomizadas tienen que ser tratadas de depresión después de dicha intervención. El 75% de las histerectomías se efectúan en mujeres jóvenes (entre 20 y 49 años), premenopáusicas casi todas, obviamente, y se efectúan con mayor frecuencia en los centros privados que en la sanidad pública.[32] La mayoría de las histerectomías se consideran «electivas» porque se realizan en casos de relativa importancia y son aprobadas por las propias mujeres; sin embargo, no creo que éstas dispongan de mucha libertad moral para elegir, para decidir qué hacer o no hacer, en la medida en que no disponen de información suficiente y ajustada acerca de esta intervención, de sus consecuencias y de las posibles alternativas.

Mª Teresa Ruiz Cantero y María Verdú Delgado señalan el hecho de que junto con la histerectomía se extirpan, con gran frecuencia, los ovarios (ooforectomía), sobre todo en mujeres que se encuentran en la edad de la menopausia, porque se supone que los ovarios tienen poca función hormonal después de ésta y porque, quizá, pueden enfermar con el tiempo; aunque en realidad no se conocen con precisión las implicaciones hormonales de la ooforectomía bilateral a largo plazo.

El impacto personal de una histerectomía o de una ooforectomía puede ser diferente, en términos de la vivencia de cada mujer y del significado subjetivo que se le otorgue. Mientras la extirpa-

---

32. Ruiz Cantero, Mª Teresa y Verdú Delgado, María (2004), «Sesgo de género en el esfuerzo terapéutico», *Gaceta Sanitaria*, vol. 18, nº 1, págs. 118-125.

ción del útero afecta fundamentalmente a nuestra posibilidad de tener criaturas —tema que puede ser de una importancia relativa para muchas mujeres, especialmente cuando ya tienen alguna o tienen ya más edad—, la supresión de los ovarios como productores de las hormonas sexuales puede tener un significado más profundo en nuestra identidad de género a todas las edades, porque conlleva un mayor significado simbólico que la histerectomía, relacionado con la identidad femenina y el atractivo sexual.

Esto es así hasta tal punto que incluso las mujeres histerectomizadas establecen «categorías» entre sí, que implican mayor o menor nivel de estigma, en función del tipo de operación que han sufrido (total, parcial, etc.), mostrándose orgullosas de mantener uno o los dos ovarios, construyendo lo que Jean Elson[33] denomina una «jerarquía hormonal»; una especie de recurso emocional para afrontar la crisis de identidad que genera tal intervención. Conseguir conservar los ovarios, una vez que entras en el quirófano, es un alivio compensatorio de cara a preservar la «feminidad» que proporciona el equilibrio hormonal y, en consecuencia, la posibilidad de mantenerse atractiva sexualmente.

Erving Goffman[34] plantea que no somos conscientes de las especiales relaciones que hacemos entre determinados atributos y la identidad social asociada (estereotipo) hasta que no nos enfrentamos con alguien que no puede satisfacer determinado atributo. En este sentido, la histerectomía se convierte en un estigma que desacredita a una mujer por la especial relación que cultural y socialmente establecemos entre el útero (extirpado) y el estereotipo (ser fértil). Una mujer sin útero o sin ovarios puede sufrir un estigma particular, que Goffman denomina «abominación del cuerpo».

33. Elson, Jean (2003), «Hormonal Hierarchy. Hysterectomy and Stratified Stigma», *Gender & Society*, vol. 15, nº 5, págs. 750-770.
34. Goffman, Erving (1963-1970), *Estigma*, Buenos Aires, Amorrortu.

Pero el tema no queda ahí. Junto a los problemas estrictamente físicos derivados de la menopausia traumática y la consiguiente ingestión de hormonas que se recetan con el argumento de que son imprescindibles, las mujeres histerectomizadas tienen, a partir de ese momento, que replantearse su identidad, en la medida en que en nuestra sociedad se utilizan términos que son profundamente vejatorios y despectivos para definir a una mujer histerectomizada. Atemorizantes.

La leyenda negra que me habían contado de que cuando a una mujer «le quitaban todo» ya se le acababa el sexo, se quedaba insensible, me preocupaba.

Cuando ocurre una intervención de este tipo, el lenguaje social que la describe supone una afrenta colosal: «La han vaciado» o «Está hueca». «Se lo han quitado *todo*.» «Tooodo» implica útero, trompas, ovarios, pero no estómago ni apéndice, claro. «Todo», para las mujeres, es exclusivamente el aparato reproductivo; lo demás que nos constituye es «nada». Quitar «todo» significa la extirpación de los órganos internos reproductivos; en definitiva, la supresión de nuestra identidad como «mujer». Cada una de estas expresiones sugiere que la identificación del ser femenino se circunscribe al aparato reproductor, de tal manera que si no tienes útero estás vacía, no tienes nada. No eres mujer.

Cuando me extirparon los ovarios y la matriz, la predicción del médico fue que todo mi cuerpo se masculinizaría, me cambiaría la voz, la distribución del vello, etc.

Hay un silencio que clama al cielo acerca de la experiencia vivida por las mujeres que han sufrido menopausias traumáticas, de quienes desconocemos la narración de su vivencia, de sus temores, dudas, decisiones, exclusiones, estigmatizaciones. Los sentimientos en torno a la feminidad. Las contradicciones y esperanzas que se derivan de tener que tomar hormonas a palas para «seguir siendo mujer».

Las entrañas y seca

Las entrañas y seca.
Ven a escucharme decir que no puedo sentirlas ya,
que no tengo entrañas ni es mía esta fuerza, a veces
en ti mientras resisto
pero no es mía esta fuerza.

Muda en mi propia sangre
ni soy yo. Ahora que insisto en ser consciente
no tengo nada,
que este camino virgen enredaba hasta el ocultismo
o que miento,
ahora que insisto en ser consciente.

Pero este cuerpo no tiene que ver con nada,
construye esa piel alterada que no se asusta
y seca,

que tengo
el vientre contra mí
de nuevo cruzándome seca.

Emma Cruceiro[35]

---

35. Reina, Manuel Francisco (comp.) (2001), *Mujeres de carne y verso. Antología poética femenina en lengua española del siglo xx*, Madrid, La Esfera, pág. 493.

6

Algo más que un asunto médico, un viaje interior

La mayoría de las mujeres completan el difícil tránsito de la condición de animal reproductor a la de animal reflexivo durante esos años.

GERMAINE GREER[1]

La menopausia supone un cambio evidente en lo físico, pero, sobre todo, en lo psíquico. Un tiempo del curso vital que nos puede proporcionar una percepción cambiada de nosotras mismas y un conocimiento veraz sobre la fuerza de las relaciones que establecemos: somos conscientes de que algo cambia en nuestro interior. Disponemos de una nueva mirada que ahora se dirige, probablemente por primera vez, hacia dentro y tenemos la oportunidad de decidir nuestra libertad para ser.

Se ha estudiado muy poco el desarrollo humano en la segunda edad adulta. A pesar de que es una etapa compleja, las interpretaciones del desarrollo evolutivo de las mujeres se han simplificado hasta límites insospechados, haciendo lecturas fundamentalmente biológicas y en su mayoría centradas en las funciones reproductivas, a través de las cuales se nos ha tratado de circunscribir al mundo doméstico. Sin embargo, los es-

1. Greer, Germaine (1991/1993), *El cambio. Mujeres, vejez y menopausia*, Barcelona, Anagrama, pág. 33.

tudios llevados a cabo desde perspectivas en las que se escucha la voz de las mujeres ofrecen interesantes versiones personales de las transformaciones psicológicas y emocionales que caracterizan su vida en la edad mediana y mayor.[2]

La menopausia es, ante todo, una experiencia personal que nos interpela y nos transporta de un yo social y externo a un espacio de prospección íntimo, *«un viaje interior en busca de la sabiduría y la serenidad»,* nos dice Germaine Greer. Un tiempo de silencio y búsqueda que nos permite una travesía personal de gran interés y poder emancipatorio. Un cambio sigiloso que se va fraguando dentro de nosotras desde años antes, pero que en la menopausia muestra todo su valor.

Esta etapa me ha hecho consciente de que he recorrido camino, que he acumulado experiencias que puedo compartir con otras mujeres. La oportunidad de reflexionar sobre mí misma, reconocerme en un nuevo estadio, con nuevas perspectivas, desde la reflexión serena producto de las «juventudes acumuladas».

Esta etapa de la vida supone, pues, una oportunidad para centrarnos en nosotras mismas —probablemente para muchas por primera vez— y desarrollar nuestra autoestima y veracidad. Se abre, ahora, un tiempo de mayor autenticidad y autoconciencia, en el que el cambio, con frecuencia, se evalúa positivamente.[3]

2. Arnold, Elizabeth (2005), «A voice of their own: Women moving into their fifties», *Health Care for Women International,* n° 26, págs. 630-651; Freixas, Anna (1993), *Mujer y envejecimiento. Aspectos psicosociales,* Barcelona, Fundación "La Caixa".

3. Sampselle, Carolyn M.; Harris, Vanessa; Harlow, Sioban D. y Sowers, Mary Fran (2002), «Midlife development and menopause in african american and caucasian women», *Health Care for Women International,* vol. 23, n° 4, págs. 351-363.

Soy de las que piensa que, con los años, si quieres y sabes cómo, mejoras.

Muchas mujeres toman ahora en serio el trayecto hacia la siguiente fase de la vida y la oportunidad que se les presenta de dar un giro copernicano a su vida. Un tiempo de creatividad y energía renovada. La progresiva conciencia de que el tiempo es un bien escaso y necesita ser vivido al momento, invita a un viaje al que deseamos ir ligeras de equipaje, liberadas de asuntos materiales, de expectativas irreales, de creencias y fantasías dolorosas. Se trata de reordenar con deliberación las prioridades. Eso requiere tiempo, dedicación y un trabajo delicado. La calidad de vida de los años que tenemos por delante depende, en gran medida, de este trabajo interior, realizado con esmero.

Es un tiempo en el que, antes de desplazarnos hacia una nueva etapa, nos damos permiso para detenernos a reflexionar sobre nosotras mismas, para analizar cuál es nuestra posición en el ciclo vital. Esta idea de búsqueda interior, ya señalada en su momento por Carl Jung,[4] nos proporciona la oportunidad de distanciarnos un poco de la cotidianeidad que nos envuelve como un torbellino. Ante nosotras se abre un tiempo para evaluar y decidir sobre quiénes somos y quiénes queremos ser en la edad mayor, cómo queremos diseñar nuestra vida futura.

Parece demasiado simple explicar el replanteamiento personal en que entramos, este tiempo de reflexión y evaluación, de complejidad y entretejido, únicamente como resultado del fin de la etapa reproductiva.[5] Nos interesa la menopausia como un hecho concreto, pero también en este momento estamos impli-

4. Jung, Carl (1960), «The stages of life», en R. F. C. Hull (comp.), *Collected works of C.G. Jung*, Princeton, Princeton University Press.
5. Granville, Gillian (2000), «Menopause. A time of private change to mature identity», en Miriam Bernard; Judith Phillips; Linda Machin y Val Harding Da-

cadas en el reto y la realidad que supone envejecer. Probablemente todo ello tenga más que ver con el momento del ciclo vital en que nos encontramos —en plena generatividad, si tenemos en cuenta las teorías del desarrollo de la personalidad de Erikson—[6] que con la materialidad hormonal de la menopausia. Este camino silencioso parece demasiado sabio para ser explicado como resultado de haber llegado al fin de la etapa reproductiva. Demasiado hermoso y complejo.

Caminar hacia la belleza

A nadie se le escapa la importancia que la apariencia externa tiene en la cultura occidental, especialmente en el caso de las mujeres, para las que el patrón de la belleza dicta ser delgada y joven (blanca, clase alta, heterosexual y sin discapacidad evidente). En nuestra sociedad, pues, las mujeres que no se adaptan a los estándares no son consideradas bellas y atractivas. A medida que nos hacemos mayores lo vamos teniendo más difícil. Cumplir años es forzosamente alejarse de la juventud y mantener un cuerpo sin cambios, delgado, sin arrugas, supone una contradicción respecto al proceso natural de envejecer.

Caminamos hacia la belleza de la edad —como sugiere la cultura del pueblo Navajo—, pero los medios de comunicación y la tradición oral nos invisibilizan y estigmatizan. La cosa viene de lejos. Ya en los cuentos de nuestra infancia la representación de la mujer mayor resulta bastante nefasta: las

---

vies (comps.), *Women ageing. Changing identities, challenging myths*, Londres, Routledge, págs. 74-92.
    6. Erikson, Erik H. (1982/2000), *El ciclo vital completado*, Barcelona, Paidós.

madrastras de Blancanieves y Cenicienta (en alguna parte habrá que hacer un elogio de las madrastras, tan injustamente vilipendiadas por la cultura popular), la bruja que captura a Hansel y Gretel, etc., todas son mujeres mayores, feas, malas, sin corazón, que rivalizan con mujeres que son más jóvenes y bellas que ellas.

La construcción social de la apariencia externa femenina —esencialmente estática— no se acomoda a las modificaciones corporales que conlleva la edad. Mantener un cuerpo femenino y atractivo exige mantener un cuerpo «sin cambios» y cualquier alteración visible se considera negativa, anormal o desviada.[7] Cuando llegamos a la menopausia normalmente no tenemos veinte años. Somos mujeres en la mediana edad, con muchos kilómetros en el cuerpo.

He llevado a cabo una vuelta a la interioridad, encontrando otro tipo de belleza, tanto o más atractiva que la de la juventud.

Culturalmente se considera que la menopausia es la causa principal de determinados cambios en la apariencia física, que suelen evaluarse como problemáticos o negativos, en la medida en que nos impiden mantenernos en los ideales de belleza de género. Cambios que afectan a lo que culturalmente se entiende por la feminidad (¿qué somos entonces, si ya no podemos seguir siendo femeninas?). Justamente, la industria de la menopausia gira en torno a este concepto de la no/belleza de las mujeres mayores. Sólo a través del milagro de la medicina moderna, la cirugía y los productos cosméticos carísimos podemos esperar librarnos del estigma de la edad y consecuentemente de la fealdad. Por otra parte, las mujeres que más adhe-

7. Wolf, Naomi (1991), *El mito de la belleza*, Barcelona, Emecé.

ridas están al modelo patriarcal de la belleza y las relaciones parecen vivir peor la transición menopáusica, aunque, como apostilló una sabia amiga mía cuando hablamos de esta posibilidad: «Lo cierto es que no sólo viven mal ese proceso, sino que también pasan peor casi todo lo demás».

La definición cultural de la vejez en términos de fealdad hace que el cuerpo en la menopausia se experimente conflictivamente, simplemente por el hecho de que empieza a mostrar los signos de la edad. Es la definición negativa de envejecer lo que oscurece la vivencia de la menopausia en nuestra cultura. Sin embargo, la gerontología feminista señala que el significado y la experiencia de la menopausia se empieza a diferenciar hoy del significado y la experiencia de envejecer, gracias al aumento espectacular de la esperanza de vida que ha situado la menopausia casi en la mitad del camino.[8] En la actualidad las mujeres no nos sentimos «viejas» (o al menos lo que tradicionalmente se ha entendido por este concepto utilizado en términos negativos) en la mediana edad, aunque sabemos que nuestro cuerpo va adquiriendo interesantes formas y texturas, diferentes a las de la edad joven. Nos quedan más de treinta años por delante. ¿Cómo deseamos vivirlos? ¿Cómo pensamos manejar este tiempo «extra» si no inventamos entre todas un nuevo caminar hacia la belleza?

La construcción de la visibilidad

La menopausia, en nuestra sociedad, posee un profundo significado como proceso de construcción social de las dife-

8. Calasanti, Toni (2004), «New directions in feminist gerontology: An introduction», *Journal of Aging Studies*, n° 18, págs. 1-8.

rencias basadas en el sexo, en el que se evidencian las estrictas definiciones distintivas entre mujeres y hombres. La separación ideológica entre el valor de los cuerpos de unas y otros sustenta estas diferencias. En Occidente, la mujer menopáusica es definida como «diferente» a la mujer no/menopáusica (reproductiva, fértil, sexual, atractiva), por lo que social y culturalmente se convierte en «otra» (no reproductiva, no fértil, asexual, no atractiva). No mujer, en definitiva. Algo que no ocurre en los varones de edades similares, a quienes, por el contrario, se les otorga el beneficio del atractivo y el valor social a cualquier edad. La feminidad es un concepto complejo que varía en las diferentes culturas. En algunas de ellas la exaltación de la fertilidad y de la posibilidad de quedar embarazada constituyen un elemento básico de la identidad femenina que se trunca en la menopausia, al estar fuertemente enraizada en la idea de que la mujer pierde su feminidad al dejar de ser fértil. A través de esta construcción social de la identidad, al alcanzar la edad de la menopausia, sentimos la ansiedad de las personas situadas en los límites (algo similar a la construcción cultural del «extranjero»), y en nuestro interior asoma la sombra de la marginación y la exclusión.[9]

No resulta fácil prepararse para la invisibilidad. Deseamos ser deseadas. Gustar gusta, decíamos en otro lugar.[10] El deseo de resultar atractiva prevalece en las mujeres de todas las edades. Seguir siendo *sexy* para los demás exige tener el cuerpo externo que dictan los inalcanzables ideales de belleza de gé-

9. Dillaway, Heather E. (2005), «(Un)Changing menopausal Bodies: How Women Think and Act in the Face of a Reproductive Transition and Gendered Beauty Ideals», *Sex Roles*, vol. 53, n°s 1/2, págs. 1-17.

10. Freixas Farré, Anna (2005), «La edad escrita en el cuerpo y en el carné de identidad», en Clara Coria; Anna Freixas y Susana Covas (comps.), *Los cambios en la vida de las mujeres*, Barcelona, Paidós, págs. 67-130.

nero. La relación que hemos tenido con nuestros cuerpos en nuestra juventud tiene mucho que ver con las actitudes que tenemos ante nuestro cuerpo en el proceso de envejecer. Jacqueline Zita[11] destaca que éste adquiere significado y lugar social a través de las prácticas culturales y que la construcción del cuerpo menopáusico a través de una imaginería que muestra vergüenza y pérdida de valor, facilita la negación del poder potencial de las mujeres mayores y de sus cuerpos. Sobre este tema algunas pensadoras han sugerido los beneficios que podría tener crear algún rito de transición que ponga en valor el cuerpo y la vida de ahora en adelante. Un rito de transición que sirva para cotizar el nuevo estatus de la mujer en el tiempo que se avecina, en el que prima la libertad y la vitalidad, bajo las señas de la belleza de la edad mayor.

Pasar de un cuerpo femenino —deseable, visible— a un cuerpo andrógino —invisible y, por lo tanto, fuera de los circuitos del deseo— no es tarea sencilla. Requiere una serie de reajustes. Muchas mujeres podemos vernos envueltas en dilemas internos de identidad cuando pensamos en nuestros cuerpos maduros y nos afanamos por adaptarlos a los ideales de belleza, tratando de mantener determinados patrones de apariencia corporal en esta transición evolutiva. Duro esfuerzo. Quizá nos iría mejor si nos planteásemos transformar los modelos de belleza —diseñados desde fuera de nosotras, imposibles e inalcanzables por definición— en modelos reales con los que podamos sentirnos identificadas y respetadas. Crear otros rituales de belleza más compasivos y a tono con nuestra realidad corporal. Pasar del modelo de la belleza al modelo de la dignidad y el autorrespeto.

11. Zita, Jacqueline (1993), «Heresy in the female body: the rhetorics of menopause», en Joan C. Callahan (comp.), *Menopause, A Mid-life Passage*, Bloomington, Indiana University Press.

Me he reconciliado con mi cuerpo. Ya no le exijo que sea deseable, ya no estoy en el mercado, ya no entro en competencia. Soy más libre.

Nosotras en relación

> Pasada la menopausia todas somos excéntricas.
> No debemos avergonzarnos de buscar relaciones
> que no encajen con el paradigma aceptado.
>
> GERMAINE GREER[12]

Los vínculos han sido nuestro fuerte a lo largo de la vida. Somos expertas en los malabarismos de las relaciones. En nuestro deambular por la vida hemos ido trabando tupidas redes enmarañadas por su complejidad emocional, que nos vinculan con muchas personas a diversos niveles de intensidad y compromiso. Al llegar a la mediana edad disponemos de interesantes recursos, aprendidos en la larga marcha recorrida hasta el momento. Somos expertas en usar la libertad disponible, gracias a la seguridad que nos proporcionan los vínculos y las relaciones que hemos ido construyendo a través de los diversos maternajes que hemos sostenido, en nuestras formas de hacer y de ser como maestras, médicas, profesoras, funcionarias, empresarias, políticas, artistas…, como vecinas, hermanas, amigas.

Sin embargo, a partir de la menopausia, nuestra condición de seres en relación también cambia. Ha llegado el momento en que podemos redefinir las relaciones que hemos mantenido

12. Greer, Germaine, *op. cit.*, pág. 416.

con las personas cercanas, situarlas en nuevos espacios afectivos y de comunicación: parejas, criaturas, progenitores y demás dependientes, ocupan ahora espacios menos absorbentes, y podemos situarlos un poco más allá, en un lugar menos invasivo, preservando nuestra estrenada intimidad. Ahora tenemos también la oportunidad de conectar de nuevo, de reencontrarnos con gente significativa para nosotras que, en nuestra anterior vida saturada, hemos ido dejando aparcada a lo largo del camino. Estábamos tan ocupadas en sostener las vidas ajenas que nos quedaba poco tiempo para las sutilezas amistosas.

Ahora disponemos de mayor libertad y nos sentimos con más poder, lo que nos permite dirigir nuestro deseo de vínculo en otras direcciones, porque sentimos dentro de nosotras una nueva libertad y deseo de verdad y podemos tratar de poner las condiciones para hacerla posible. Además, también nos sentimos más seguras y esta mayor autoconfianza nos puede ayudar a resolver con mayor sabiduría antiguos conflictos y desencuentros que ahora, tamizados por la relatividad del tiempo y la sabiduría que nos ha proporcionado la caída del velo de las hormonas, pierden su carácter virulento. El desarrollo adulto nos permite una posición pacificadora, tener mayor ecuanimidad en la valoración de los hechos y, también, dramatizar menos las situaciones. Nos resulta más fácil mirar con mayor compasión a nuestro alrededor y minimizar antiguos agravios y heridas. Todo ello mejora nuestras relaciones.

Somos expertas creadoras de lazos amorosos. A estas alturas de la vida hemos construido vínculos de intensidad variable, amistades de larga duración, amores diversos y plurales que han otorgado significado a nuestra vida; encuentros efímeros e intensos, que guardamos en el *almario*, delicadamente. Hemos abrazado casi todas las causas justas, en nuestro largo viaje en la construcción de la ética de las relaciones, del cuidado, de la justicia de la solidaridad. En definitiva, nos hemos hecho mejor gente, dice Margaret Gullette.[13]

La menopausia, una experiencia múltiple

No hay dos climaterios iguales.

GERMAINE GREER[14]

Difícilmente encontramos en la literatura al uso el reconocimiento de la menopausia como una experiencia subjetiva que es vivida de diferentes maneras por las mujeres. Somos muchas, pero no iguales. No somos una masa homogénea a la que se le pueda tratar de manera uniforme, sin tener en cuenta las enormes diferencias físicas, psíquicas, emocionales, sociales, económicas e intelectuales que nos individualizan y nos hacen únicas.

Tanto la literatura al respecto como la experiencia narrada por las mujeres nos indican que la menopausia es un proceso que va del cero al infinito. La experiencia de las mujeres en la menopausia varía mucho: mientras algunas sufren un surtido de problemas —algunos realmente relacionados con los cambios hormonales del momento y otros muchos con la vida y la coyuntura personal—, otras pasan por ella sin sufrir apenas ninguna molestia. Así, podemos encontrar estudios en los que se hacen largas relaciones de signos y síntomas que las mujeres identifican como causados por la menopausia y malestares diversos que repercuten en lo físico y lo psíquico, y también podemos leer otros trabajos en los que las mujeres afirman ha-

13. Gullette, Margaret (1997), *Declining to decline: Cultural combat and the politics of the midlife*, Charlottesville, VA, University Press of Virginia.
14. Greer, Germaine, *op. cit.*, pág. 28.

ber transitado por esta experiencia tranquilamente. Incluso los sofocos, que suelen considerarse una experiencia normativa en nuestra cultura, no tienen la consistencia que les asignamos en Occidente cuando se analizan las experiencias de mujeres en diferentes culturas.

La menopausia, esta «fugaz y mística fase», avanza a menudo sigilosamente, sin que algunas mujeres la perciban, sin dejar trazas visibles, sin perturbar la calidad de su vida cotidiana.[15] En 1933, un informe de la Medical Women's Federation llevado a cabo sobre mujeres inglesas a finales de la década de 1920 indicaba que el 90% de ellas aseguraba no haber sufrido mayores problemas. Otros estudios llevados a cabo en las décadas de 1940 y 1950 ofrecen resultados similares, mostrando que las mujeres tienen actitudes relativamente positivas hacia la menopausia, variando sus quejas en función de la fase en que se encuentran en relación con ésta.[16] También es cierto que no todas las mujeres que tienen alguna dificultad o presentan algún síntoma buscan ayuda médica y, cuando lo hacen, no todas siguen las prescripciones al pie de la letra. La lectura que hagamos de esta etapa depende, en gran medida, de cómo la relacionemos con otras preocupaciones o problemas (sociales o emocionales) que pueden darse simultáneamente en este momento del ciclo vital.

Pero también hay que tener en cuenta que en los últimos cuarenta años han cambiado profundamente las circunstancias objetivas con las que las mujeres de mayor y menor edad afrontan la menopausia. Antes de la normalización de los sistemas anticonceptivos, la pérdida de la regla «salvaba» a las

15. Bernard, Miriam; Phillips, Judith; Machin, Linda y Davies, Val Harding (comps.) (2000), *Women Ageing. Changing Identities, Challenging Myths*, Londres, Routledge.

16. Spitzer, Denise L. (2003), «Panic and panaceas: Hormone replacement therapy and the menopausal syndrome», *Atlantis*, vol. 27, n° 2, págs. 6-13.

mujeres de la maternidad no deseada y de otros problemas asociados, como tener que tomar la decisión de abortar y asumir sus consiguientes sentimientos de culpa. Por lo tanto, la menopausia era algo que se esperaba y tenía sus ventajas; sus posibles inconvenientes quedaban minimizados por aquéllas. Además, apoyadas en la consideración de que a partir de ese momento las mujeres «ya no servimos», numerosas mujeres aprovechaban la oportunidad para dar por clausuradas unas relaciones sexuales insatisfactorias, con una pareja normalmente poco atenta a las necesidades femeninas. Lo que suponía un beneficio añadido. Para las mujeres que han vivido su sexualidad en tiempos de la píldora y demás sistemas de control de la natalidad, la menopausia ha adquirido un valor completamente distinto, puesto que el temor al embarazo ha tenido menor relevancia, aunque han entrado en juego otros elementos de la cultura moderna, positivos y negativos, para otorgar significado emocional y subjetivo a la menopausia.

Un punto importante en la vivencia de la menopausia tiene que ver con las actitudes y anticipaciones de lo que esperamos de este periodo de la vida. Cómo la miramos desde mucho antes de vivirla supone un caldo de cultivo importante.

Yo esperaba la menopausia segura de pasarla bien, sabiéndola como una fase fisiológica más para la cual mi cuerpo tenía que estar preparado. Sin embargo, no fue así. La pasé con mucha sintomatología, aunque la verdad es que coincidió con problemas importantes de pareja.

Para algunas mujeres la menopausia es un momento de gran sufrimiento psicológico, relacionado con el sentimiento de hacerse mayor; para otras es una transición vital agradable y positiva.

7

Nuestra menopausia

> La mujer menopáusica es prisionera de un estereotipo y no podrá escapar de él si no empieza por describir ella misma lo que le ocurre.
>
> GERMAINE GREER[1]

Algo que esperar con ilusión

Menopausia, palabra usada como insulto.
Una mujer, mente o poesía, menopáusica,
como si gotear regularmente o a capricho
de la luna, la colisión de óvulo y esperma,
fuese la regla, como aprendimos a llamar a aquella sangre.

Me he retorcido para alabar su luminoso chorro.
Cuando mi vientre abre los labios a la plenitud
o la oscuridad de la luna, ese vínculo me alinea
como alinea al mar. Me estremezco,
indicador de brújula palpitante de magnetismo.

Pero cada celebración tiene su hora,
empieza en un reactor con la señal de abrocharse el cinturón.

1. Greer, Germaine (1991/1993), *El cambio. Mujeres, vejez y menopausia*, Barcelona, Anagrama, pág. 25.

Imaginemos el rastro de rojas amebas
deslizándose por las toallas de la azafata indicando
el menosprecio de mi cuerpo por el calendario, el reloj.

Cuantas veces en mitad de la subida a una cima,
durante una manifestación, con la policía
en los tanques interpuesta entre yo y los lavabos,
en una interminable y tediosa mesa redonda con cuatro hombres,
yo la mujer de muestra y ellos con vejiga de hierro,

me he sentido así mojada y he deseado estrangularme
el útero como si fuese una rata. A veces la sensación
es cósmica y otras, como de fango. Sí, he rogado
de rodillas a mi sangre en los lavabos
que mostrase simplemente su arco iris de liberación.

Mi amiga Penny a los doce años, al recibir un paño
del tamaño de una funda para la tabla de planchar, exclamó:
¿Y a partir de ahora tendré que hacer esto hasta que me muera?
No —dijo su madre— se acaba al llegar a la media edad.
Bueno —dijo Penny—, al menos hay algo que esperar con ilusión.

Hoy, agachada, retorciéndome, con endemoniadas pinzas de
cangrejo clavadas en el vientre, os digo que bailaré en secreto
y derramaré una copa de vino sobre la tierra
cuando el tiempo acabe definitivamente con este goteo,
y quemaré los últimos tampones como cirios votivos.

MARGE PIERCY[2]

2. Abelló, Montserrat (comp.) (1993), *Cares a la finestra. 20 dones poetes de parla anglesa del segle xx (Antologia en versió bilingüe)*, Sabadell, Ausa.

Si hiciésemos un pequeño sondeo entre nosotras descubriríamos que muchas tenemos divertidas experiencias relacionadas con la menopausia. Mi primer acercamiento chocante al prejuicio médico lo tuve a los 40 años cuando, a causa de una fuerte contractura en el trapecio izquierdo, acudí a la consulta de un médico —unos años mayor que yo, por cierto— quien, prácticamente sin mediar escucha alguna sobre mi dolencia, me informó categóricamente de que lo que me ocurría era la menopausia. ¡Caramba! Eso sí que no lo esperaba, ya que hasta el momento no se me había ocurrido establecer una relación causal directa entre mi espalda y mis ovarios. Siempre había imaginado la menopausia como un buen proyecto. No albergaba ningún temor especial acerca de ella; sin embargo, tengo que reconocer que tan inesperada noticia produjo un cortocircuito momentáneo en mi mente. Y ¿si había cosas terribles que me estaban esperando y yo no había imaginado? Rápidamente acudieron a mi mente, para salvarme, otras ideas apaciguadoras, obtenidas por otras vías —lecturas, genealogía, etc.— que, en cuestión de segundos me ayudaron a reponerme del *shock*. Afirmé mi esperanza en disfrutar de una menopausia saludable en su momento y el deseo de que atendiera mi molesto dolor. ¡Ah, por supuesto, le deseé lo mejor para su inmediata andropausia!

Al margen de las diferentes posiciones teóricas acerca de la experiencia menopáusica, como vemos, está la vida real, lo que las mujeres de carne y hueso viven, sienten, experimentan, en este momento de su vida. Al escribir este pequeño libro sobre la menopausia puede parecer que sitúo esta transición en el centro de la vida, que le otorgo una visibilidad máxima, como si fuera en sí misma «la causa» del posible malestar de las mujeres en la mitad de su ciclo vital; o que le reconozco un papel explicativo central para las posibles crisis, o

107

los cambios difíciles, que a veces nos acompañan en este momento personal. Sin embargo, la curiosidad que me llevó a preguntar a las mujeres, mis iguales, acerca de su representación subjetiva, vital y experimental de esta transición se sustentaba en el deseo de mostrar su carácter de coyuntura episódica en la vorágine de la mediana edad, algo que, por otra parte, numerosas investigadoras han sostenido con anterioridad, como podemos ver a lo largo del texto.

No porque tenemos la menopausia nos ocurren determinadas cosas, sino que, justamente, nos encontramos en un momento de la vida en el que se producen un buen número de coyunturas que hacen que el suelo donde hemos apoyado las fuertes creencias de nuestra vida personal, familiar y profesional se mueva, se tambalee y, entre estas circunstancias personales, se encuentra la menopausia. Ahí entremezclados están los sueños alcanzados y los sueños rotos; los hijos y las hijas que finalmente deciden mostrar su eficiencia como personas adultas, la pareja y la no pareja, la jubilación al fondo, el cuerpo cambiado… Todo haciendo ruido, un ruido que nos devuelve a nosotras mismas y nos interroga. Nos invita al balance sobre lo conseguido y lo que queda por conseguir. ¿Qué caminos podemos recorrer a partir de ahora? ¿Cómo reconciliarnos con el pasado, para enfocar el futuro? Germaine Greer, Christiane Northrup y Elena Arnedo señalan la menopausia como una oportunidad para enfocar el porvenir, afrontando la vida con determinación y valor. La menopausia de la que se habla en este texto pretendo situarla en el contexto de la vida de las mujeres, en su periferia, no en el centro. De hecho, veremos que su mejor o peor vivencia depende en gran medida de la intensidad de la vida vivida por cada persona y que, con el tiempo, su significado se matiza, su malestar se desvanece. No pretendo plantear en este texto una «única» verdad sobre la menopausia, sólo una versión «no oficial» sobre ella. Una versión libre.

Teniendo en cuenta que el tiempo es un elemento mediador de las emociones y las experiencias, para el análisis y comentario de las diferentes aportaciones me ha parecido conveniente agrupar las informaciones obtenidas en función de los años que han transcurrido desde el momento de la menopausia. Por un lado, el grupo de las mujeres que llevan menos de tres años en ella, que denomino «las jóvenes» —aunque no tienen por qué serlo, en sentido estricto, más que otras que tuvieron menopausias inducidas o precoces y que, a pesar de llevar muchos años en ella, pueden tener menos edad—; el de las que llevan entre cuatro y diez años en ella, «las medianas»; y, finalmente, las que tuvieron la menopausia hace más de diez años, «las mayores» —aunque sólo lo sean en términos de los años de experiencia—. Con estas expresiones me referiré a ellas a lo largo del texto. Así, en función de los años que hace que tuvieron la menopausia, se distribuyen de la siguiente manera:

Las jóvenes (menos de 3 años) 42 mujeres	Las medianas (entre 4 y 10 años) 62 mujeres	Las mayores (más de 10 años) 31 mujeres

Al igual que ocurre en otras investigaciones en las que las respuestas se dan por escrito, he podido observar que algunas mujeres, normalmente jóvenes, muestran una mayor facilidad para este tipo de comunicación que otras más mayores. Así, es frecuente que escriban textos más largos y ofrezcan un mayor número de argumentos y razones explicativas. Suelen estar más acostumbradas a este tipo de comunicación escrita y, además, se encuentran aún inmersas en esta experiencia que les interesa y les preocupa. La miran con mayor atención y sorpresa que las que llevan años en ella, a quienes ya no les inquieta, ni siquiera parece que la recuerden demasiado; aunque, por cortesía y solidaridad, hacen un esfuerzo por retrotraer su memoria hacia una vivencia que hace años quedó atrás.

Del pesimismo a la euforia

A pesar de que la construcción social de los mensajes a menudo nos lleva a tratar de adecuar el discurso al modelo propuesto por la «cultura oficial», que en el caso que nos ocupa es claramente negativo, hemos encontrado un buen número de narraciones en las que se matizan las experiencias vividas y se ponen en valor diversos aspectos positivos de esta transición, lo cual supone un interesante esfuerzo de elaboración para contrarrestar la tendencia «natural» a iluminar lo esperable, a saber, lo negativo.

De la lectura de las diversas encuestas he podido extraer una idea general de cada una, algo así como el «tono» que desprende cada texto, respecto a la valoración global que cada persona hace de la menopausia en su vida. A partir de ahí he intentado clasificarlas. Por una parte, encontramos los relatos que exaltan fundamentalmente los aspectos favorables de esta transición, que muestran una vivencia despreocupada y feliz de este periodo, con un claro predominio del énfasis en los aspectos positivos: «Yo soy de las eufóricas», me dijo una amiga cuando la invité a compartir su experiencia. Ella me dio luz para nombrar la actitud de algunas de las encuestas que he englobado como «positivas». Dentro de ellas están tanto las que hacen un relato argumentado en el que todo se vive como bueno como las claramente «eufóricas», que ponen el énfasis en los muchos aspectos benefactores que han encontrado en esta experiencia de su vida y manifiestan un estado de bienestar y cambio respecto a la etapa anterior que las hace especialmente felices.

En el apartado «neutras» he incluido aquellas narraciones que describen experiencias y hechos positivos y también otros negativos, pero no hacen en conjunto una valoración expresa de una vivencia negativa que tiña el periodo por completo (por ejemplo, se indica que ha sufrido sofocos, pero no se califican de manera que su valoración negativa envuelva toda la experiencia). Estas mujeres valoran lo negativo dentro de un proceso en el que, simultáneamente, ocurrían otras cosas, buenas o malas, o entienden la menopausia como un proceso inserto en el curso vital y, por lo tanto, la narración no incluye una dramatización de la experiencia, ni tampoco una exaltación de los beneficios experimentados.

Finalmente, en las «negativas» he agrupado los relatos que afirman que la menopausia en su conjunto ha supuesto una experiencia difícil, en la que no se encuentra ningún aspecto positivo o beneficioso. Aquí se incluyen tanto las simplemente negativas, como las que hacen un relato negro por completo:

Estaba mejor con la regla, porque era mía y la quiero.

ACTITUD GLOBAL	Jóvenes %	Medianas %	Mayores %	Total %
Positiva	26,19	24,19	38,71	28,15
Neutra	61,90	53,23	54,84	56,30
Negativa	11,90	22,58	6,45	15,56

111

Vemos que la valoración global de la menopausia muestra claramente que no hay «una» menopausia, sino que se trata de una experiencia plural, compleja, que va del cero al infinito. Estamos hablando de una experiencia múltiple en la que hay de todo: quienes la han vivido como una liberación, a partir de la cual consideran que su vida ha mejorado y se han quitado de encima algunas molestias e incomodidades; quienes la han pasado como un trámite del que no han llegado a ser demasiado conscientes, y quienes han experimentado un rosario de dificultades y problemas que asocian a la menopausia, por lo que la evalúan como una fuente importante de insatisfacción.

El grueso de las respuestas (56,30%) hace de ella una evaluación neutra, ni positiva, ni negativa, en la que se reconocen mejoras y algunas pérdidas; las caracteriza el hecho de que trazan una valoración no dramatizada ni exultante. La plantean como algo que se da en algún momento de la vida, sin marcar un antes y un después. No parece haber, pues, una verdad única acerca de la menopausia. Así podemos mirarla con mayor respeto.

Hay quienes se han deslizado por ella sin darse cuenta. Un buen día dejaron de menstruar… y hasta hoy. Estas mujeres en su narración no achacan a esta circunstancia ninguno de los signos del hacerse mayor, que lógicamente se han ido haciendo espacio en su cuerpo y en su vida alrededor de este periodo de tiempo. No tienen interiorizada la idea de que la menopausia supone «el principio del fin», sino que viven inmersas en la convicción de la fluidez del cuerpo en el tiempo, de la naturalidad de los procesos vitales y corporales, por lo que se desprenden de la regla con la misma normalidad con que en otros tiempos la recibieron.

La menopausia se «instaló» un día, sin previo aviso. No hubo problemas, trastornos. En la fecha en que debía tener la menstruación, no se produjo. Entonces me pregunté, ¿esto será la menopausia?

Junto a ellas, en el polo opuesto, están quienes han vivido la menopausia como una dura experiencia, un tiempo complejo y difícil, plagado de inconvenientes y molestias que, como un torbellino, absorbe el bienestar, generando nuevas dificultades. Un tiempo complicado, incómodo. Mujeres que quizá partían de una buena predisposición hacia ella, pero se encontraron con un conjunto de síntomas que han hecho de este periodo un tiempo de malestar evidente; otras, por el contrario, tenían desde antes un buen cúmulo de prejuicios y temores que, a modo de profecías de autocumplimiento, se han hecho realidad y han generado en ellas sufrimiento.

Me parece interesante saber que estos dos polos existen, para respetar la diferencia en las experiencias, para saber que no hay una única narración sobre la menopausia. Para confirmar que, como en casi todo lo que tiene que ver con las experiencias vitales, no hay un blanco y un negro, sino que la realidad está diseñada por una amplia gama de grises, que en este caso tienen que ver con el cuerpo y la mente, con la vida cotidiana y la salud. Lo cierto es que las mujeres afrontan este periodo de la vida con un buen arsenal de estrategias internas y externas que les permiten mirar la menopausia como un tiempo de cambio, un camino hacia el dominio del cuerpo y el espíritu.

Estoy viviendo la menopausia como el inicio de una etapa muy interesante. Algo parecido a lo que se alcanza en la «mayoría de edad», un reconocimiento de la propia autoridad y una experiencia que te permite «verlas venir» que me pone de buen humor.

Nosotras y la edad

> Tengo la edad que tengo. Respetadla.
>
> GERMAINE GREER[3]

Es cierto que cultural y socialmente el cese de la menstruación es un hito que enfrenta a las mujeres con el envejecer y con el cambio, pero también es cierto que, en gran medida, es la evaluación que personalmente se tiene sobre la vejez la que permea esta vivencia. Quienes ven la vida como un curso natural que nos lleva de la niñez a la vejez, no suelen concentrar en ella la lectura de los hechos negativos con que pueden encontrarse en este periodo. Quienes temen la vejez y los diversos elementos de exclusión social y emocional que en nuestra cultura y sociedad se asocian a ella, tienden a hacer de la menopausia un chivo expiatorio, depositario de la ira que el hacerse mayor les genera. A ella achacan todo aquello con lo que se tienen que enfrentar en este periodo, sin echar una mirada a los diferentes entornos en que se encuentran que les puede permitir contextualizarla, comprenderla como un hecho complejo y, consecuentemente, relativizarla, mirarla con cariño, compasiva y amablemente hacia sí mismas. La menopausia se convierte, en este caso, en una explicación de causa única, que «como una bella capa, todo lo tapa».[4]

> Es un momento de gran crecimiento interior, descubriendo el poder de la sabiduría de disfrutar de la vida. Me parece que la menopausia marca un hito entre el «tener» y el «ser».

3. Greer, Germaine, *op. cit.*, pág. 43.
4. Sáez-Buenaventura, Carmen (1993), *¿La liberación era esto? Mujeres, vidas y crisis*, Madrid, Temas de Hoy.

114

Existe una presión social que trata de «biologizar» los procesos de cambio del ciclo vital de las mujeres (menarquia, embarazo, parto, menopausia) y también las diversas transformaciones sociales que nos acompañan a lo largo de la vida. Cuando, en el caso de la menopausia, se lleva a cabo una mirada exclusivamente física sobre ella, se evita el cuestionamiento de la sociedad y de los roles asignados en función del sexo y de la edad. Todo ello permite crear la falsa ilusión de disponer de una «solución» al alcance de la mano (y del bolsillo), que finalmente beneficia a la industria de la menopausia (cosmética, médica, farmacéutica) y aleja a las mujeres de su cuerpo y de su vida.

Las diversas voces nos indican que nos encontramos ante un hecho ecológico —contextual— y como tal es reconocido por un buen número de mujeres que identifican que sus emociones en este periodo están mediadas por múltiples factores que concurren en ese preciso momento histórico-personal. Por esta razón, son conscientes de que los síntomas que detectan en sus cuerpos y en sus vidas, y que pueden tender a achacar a la menopausia, quizá no tienen su origen exclusivo en ella, sino en otros hechos concomitantes, como el estrés, la cambiante coyuntura familiar, la situación afectiva, etc., en que se encuentran. También se identifica la posible incidencia de otras circunstancias, como algunas enfermedades o determinados problemas laborales, sin olvidar el torbellino que plantea la reorientación en los intereses intelectuales, emocionales, sexuales, que pueden tener lugar en la mediana edad. Elementos, todos ellos, que llevan a las mujeres a evaluar la menopausia como un momento histórico-personal en el que coinciden diversos hechos con significado; por lo tanto, pasa de ser considerada un elemento explicativo causal central —la madre de todas las tormentas—, a ser vista como un aspecto más de una

115

coyuntura compleja en la que interactúan unos factores con otros, influyéndose mutuamente. Esta posición proporciona una consideración menos airada sobre la menopausia y la vejez. Es más respetuosa de la diversidad y permite encontrar soluciones y explicaciones más creativas. Amén de que retroalimenta una vivencia más feliz de ésta.

Esto es así cuando nos referimos a la vivencia global de este periodo, pero también queda claro que hay diversas lecturas de la menopausia, dependiendo del tiempo que se lleva conviviendo con ella. Las mujeres que tienen una experiencia reciente muestran con su mirada el desconcierto o la indiferencia que se siente ante una vivencia próxima, que se transita con intensidad y curiosidad. Las que ya llevan algunos años sin regla, no demasiados, recuerdan lo bueno y lo malo con claridad, aunque disfrutan ya de la libertad que les proporciona la caída del velo de las hormonas.[5] Las que llevan más tiempo, y son unas expertas en la vida posmenopáusica, la sienten como una experiencia lejana, por lo que a veces les resulta difícil recordarla con detalle y referir los pormenores de ese momento vital que se sitúa más allá de sus intereses actuales.

De la lectura global de las diversas aportaciones puedo adelantar tres percepciones centrales, en las que queda clara la diferencia entre la simplicidad del «discurso oficial» acerca de la menopausia —que ofrece una visión homogénea y unificada— y la riqueza de las complejas experiencias detalladas por las mujeres que desmantelan el «discurso único».

1. No hay una única menopausia: ésta es una experiencia que se vive de manera muy diferente de unas mujeres a

5. Northrup, Christiane (2001/2002), *La sabiduría de la menopausia*, Barcelona, Urano.

otras. Mientras hay quienes no se enteran de nada, otras afirman haber sufrido un buen número de molestias. La menopausia es, pues, una experiencia múltiple que varía profundamente entre unas y otras mujeres. Por lo tanto, al afirmar que «no hay una única menopausia» hago hincapié en la complejidad de esta transición y en la diversidad de vivencias que se experimentan.

2. La menopausia no parece ser un trauma para una mayoría de mujeres, quienes suelen desdramatizar las posibles molestias experimentadas en este periodo de la vida. La menopausia sí es, para muchas mujeres, un momento de desconcierto como lo fue la menarquia en su momento, cuando, sin saber por qué, nos incorporamos al mundo de las personas adultas, incluidas sus oscuras y silenciadas amenazas. Sin saber siquiera, entonces, que eso requería una transición en la que estaban implicados nuestro cuerpo y nuestra espontaneidad.

3. Las molestias que aparecen en el periodo de la menopausia tienen un fin. Al cabo de unos años las mujeres han olvidado o relativizado las incomodidades pasadas. No son molestias duraderas. Los temores anunciados tenían una vida efímera y la mayoría no se cumplieron.

8

Salud y menopausia

> Nuestra salud y nuestra felicidad dependen más
> de nuestra percepción de las circunstancias de la vi-
> da que de las circunstancias en sí.
>
> CHRISTIANE NORTHRUP[1]

Dentro de cada una de nosotras hay una asociación temerosa entre salud y menopausia, como si en este momento del ciclo vital las enfermedades y alifafes tuvieran que desplegar su acción nefasta y envolvernos en una nube de malestar y decrepitud; asociación que, en gran medida, tiene su origen en lo que Natividad Povedano —médica y homeópata— denomina «el terrorismo de la menopausia», que ha conseguido que muchas mujeres vivan con angustia la llegada de este momento natural del proceso vital, incluso con una década de antelación.

La salud percibida —cómo nos sentimos en términos de bienestar físico— no suele verse afectada por la menopausia. El 71% de las mujeres del estudio de Anne Koster[2] consideraron

---

1. Northrup, Christiane (2001/2002), *La sabiduría de la menopausia*, Barcelona, Urano, pág. 79.
2. Koster, Anne; Eplov, L.F. y Garde, K. (2002), «Anticipations and experiences of menopause in a Danish female general population cohort born in 1936», *Archives of Women's Mental Health*, nº 5, págs. 9-13.

que su salud no había cambiado en la menopausia, evidenciando que somos capaces de distinguir entre la experiencia de determinadas molestias —entendidas como algo coyuntural que no afecta a la salud—, y la experiencia de la enfermedad —comprendida como algo más estructural y destructivo—. Sin embargo, hay evidencias que muestran que las mujeres que han tenido una menopausia temprana, anterior a los 45 años, sí parecen acusar un mayor impacto sobre su salud percibida. Cierto es que en nuestra cultura el concepto de envejecer se entremezcla con el de menopausia, de manera que esta experiencia precoz puede interpretarse como un camino inevitable hacia el envejecimiento prematuro y producirse, consecuentemente, un empeoramiento de la salud física y, sobre todo, una evaluación subjetiva de la salud insatisfactoria, más emocional que real.

Tanto el feminismo como el constructivismo social han señalado la importancia de comprender el sistema de creencias personales que modelan la manera en que vivimos determinadas experiencias y cómo éstas están íntimamente relacionadas con el contexto social en que vivimos. La experiencia de la menopausia resulta fuertemente dependiente de la cultura, que en este caso interactúa con la biología y se influyen mutuamente a través de factores como los genes, la dieta, el entorno, las creencias y los modelos culturales de fertilidad, etc.[3] Así, por ejemplo, el grado de malestar que sentimos ante un síntoma concreto puede variar en función de las atribuciones que vinculamos a tal síntoma; por ejemplo, está demostrado que el estrés que experimentamos ante determinada situación es función no sólo de este acontecimiento vital, sino también de la percepción que tenemos de él. De la misma manera, la viven-

3. Lock, Margaret (1982), «Models and practice in menopause: menopause as syndrome or life transition», *Culture, medicine and Psychiatry*, nº 6, págs. 261-280.

cia de las mujeres con respecto a la menopausia se relaciona significativamente con sus expectativas acerca de ella y en qué medida se percibe que un síntoma es señal evidente del proceso de envejecimiento o de deterioro y decadencia. Betty Friedan[4] destaca que las ideas preconcebidas o el temor a lo que se espera en la menopausia son los factores que más afectan la experiencia de las mujeres y pesan más en ellas que los sofocos, o cualquier otro síntoma posible.

Cuando se trata de comprender de manera global la coyuntura de salud de las mujeres, podemos encontrar dos posiciones, especialmente en la clase médica: la de quienes estiman que todas sus quejas se deben a alteraciones psicológicas: «todo está en vuestras cabezas»; y la de quienes piensan: «todas estáis enfermas» y necesitadas de tratamiento e intervención médica. O lo que es lo mismo, la presunción de que las mujeres en la mediana edad o «estamos de los nervios» o «estamos de las hormonas». Una postura menosprecia las dificultades que sufren las mujeres y a ellas mismas por quejarse y la otra nos convierte en seres patológicos por naturaleza. Ambas posiciones son perversas y resultan nefastas para la comprensión de la salud y la vida de las mujeres.

En mi opinión, estas dos posiciones no reflejan la compleja realidad de la menopausia como transición vital. No es cierto que ésta suponga una enfermedad femenina universal de la que la ciencia nos deba librar con químicas diversas, pero la escucha atenta del relato que algunas mujeres efectúan de su experiencia personal nos indica que tampoco es cierto que no pasa nada, puesto que una parte de ellas han sufrido un surtido de dificultades, más o menos molestas, más o menos intensas, que no se producen porque sí o simplemente porque algo

4. Friedan, Betty (1993/1994), *La fuente de la edad*, Barcelona, Planeta.

les falla en su mente. Si bien para una gran parte de las mujeres la menopausia no supone nada especial, otras sufren diversos problemas que con frecuencia están relacionados con asuntos varios, como coyunturas vitales estresantes, enfermedades, transiciones afectivas y familiares y asuntos profesionales, que coinciden en el tiempo, pero que en cualquier caso generan sufrimiento, y eso nos merece respeto.

A veces se me va la onda, se me olvidan las cosas... pero no sé si eso es la menopausia o el desgaste natural del cuerpo tras tanta vida.

Probablemente sólo cuando separemos la menopausia de las limitaciones biológicas deterministas, podamos hacer posible otra interpretación de ella y ésa es la posición en que nos encontramos empeñadas las mujeres saludables de todo el mundo.[5]

5. Chornesky, Alice (1998), «Multicultural perspectives on menopause and the climacteric», *Affilia*, vol. 3, n° 1, págs. 31-46.

9

A vueltas con los síntomas

> Los síntomas se toleran mejor cuando se dispone de una explicación para ellos.
>
> GEMAINE GREER[1]

A la menopausia se le asigna un rosario interminable de «síntomas». A través de la sugestión social de que nos va a traer problemas, tendemos a achacar a esta transición cualquier molestia, pequeña o grande, que se nos presente, tenga o no relación con ella. Pueden ser asuntos que tienen que ver con la salud física, con el bienestar psicológico, con la belleza, etc. Estos síntomas llenan páginas y páginas de la literatura médica y de los medios de comunicación y se configuran como la base de los temores de las mujeres de todas las edades.[2]

Hasta ciento veinte síntomas se llegan a atribuir a la menopausia en determinados estudios catastrofistas. La verdad es que diferenciar muchos de éstos de los cambios estrictamente relacionados con la edad o de los que tienen su origen en los contextos socioculturales y domésticos en que cada mujer se encuentra, no es tarea fácil.

1. Greer, Germaine (1991/1993), *El cambio. Mujeres, vejez y menopausia*, Barcelona, Anagrama, pág. 85.
2. The Boston Women's Health Book Collective (2006), *Our Bodies, Ourselves: Menopause*, Nueva York, Simon & Schuster.

He tenido depresión e insomnio y los sofocos son muy desagradables; también crecen pelos en el bigote y en la cara que no tenías antes... y se engorda bastante.

Algunos de los síntomas identificados con mayor frecuencia son: sofocos, hemorragias irregulares, irritabilidad y cambios de humor, cansancio, dolor de cabeza, depresión, pérdida de concentración, pérdida de deseo sexual, sequedad vaginal, insomnio y aumento de peso. Tal cúmulo de riesgos hace realmente difícil plantearse un posible tratamiento diferenciado en este periodo de la vida en el que confluyen tantas circunstancias diferentes. Ante este río revuelto, el invento de las hormonas ha venido a ser la panacea universal que, como una bella capa, todo lo tapa, y resulta una auténtica ganancia de pescadores.[3]

De todas maneras ya va habiendo datos fidedignos que informan de que un buen número de mujeres transitan la menopausia sin pena ni gloria, pero sobre todo sin pena. En el estudio llevado a cabo por Mary Lou Logothetis el 75% de las mujeres indicaban que no había tenido apenas ninguna molestia, y sólo el 7% de ellas indicaron que sufrieron incomodidades importantes.[4]

Es la época en que he disfrutado, globalmente, de mejor salud.

Ya en 1982 Margaret Lock afirmaba que únicamente el cese de la menstruación y el descenso en la producción de estró-

---

3. Fox-Young, Stephanie; Sheehan, Mary; O'Connor, Vivienne; Cragg, Carole y Del Mar, Chris (1999), «Women's knowledge about the physical and emotional changes associated with menopause», *Women & Health*, vol. 29, nº 2, págs. 37-51.

4. MacPherson, Kathleen I. (1993), «The False Promises of Hormone Replacement Therapy and Current Dilemmas», en Joan C. Callahan (comp.), *Menopause: a midlife passage*, Bloomington, Indiana University Press, págs. 145-159.

genos son hechos universales, mientras que otros síntomas, incluidos los sofocos, pueden darse en muchas culturas, pero no son inevitables. En su opinión, nos encontramos ante una experiencia que está sujeta a un considerable condicionamiento social y cultural.[5] Quizá, si prestásemos atención a otros predictores podríamos obtener una explicación más cabal sobre la vivencia, en términos de salud, de esa transición. Tratar de conocer, por ejemplo, qué papel desempeñan elementos tales como las condiciones de vida estresantes, la tensión generada por el cumplimiento del rol femenino y el estado de salud general experimentada en los años anteriores a la menopausia, entre otros, nos podría proporcionar una visión más compleja y acertada de lo que realmente ocurre en esta transición.[6]

Dificultades de intensidad y valor variable

La menopausia conlleva algunas dificultades de intensidad y valor variable. Una mirada global a los diferentes discursos nos indica que nos encontramos ante una experiencia en la que el componente temporal tiene un valor fundamental, ante un proceso en el que los mayores inconvenientes se viven en los primeros años y las ventajas se refieren al resultado final, al bienestar conquistado. Las mujeres que llevan menos años en la menopausia enumeran un buen número de dificultades relacionadas con ella (2,45 síntomas negativos de media por persona), que se van difuminando a medida que transcurre el tiempo y van disminuyendo en su recuerdo. Hecho que, pro-

5. Lock, Margaret (1982), «Models and practice in menopause: menopause as syndrome or life transition», *Culture, medicine and Psychiatry*, n° 6, págs. 261-280.
6. Doress, Paula Brown y Siegal, Diana Laskin (comps.) (1987-1993), *Envejecer juntas*, Barcelona, Paidós.

bablemente, se pueda explicar porque para las mujeres jóvenes los síntomas son algo más que síntomas: son temores, son la confirmación de los fantasmas, son lo desconocido... y las incomodidades que aparecen están bien para los discursos teóricos sobre la menopausia, pero ¿por qué me tiene que pasar a mí?

No somos ajenas a la menopausia... La de las demás... bien... pero ¿por qué yo?

Por otro lado, las mayores la recuerdan de manera diferente: se han quedado con algunas sensaciones de lo que vivieron y ya no tienen el desconcierto o la ira del miedo a envejecer. Ellas son ya mayores y la menopausia queda en el pasado, como un momento más de la vida atareada en la que están inmersas.

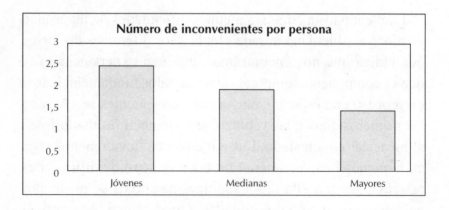

Para un pequeño porcentaje de mujeres todo lo que rodeó la menopausia fue malo (2,22%), mientras que para otras nada lo fue (11,85%), queda, así, claro que no hay una única versión.

126

No he experimentado ninguna mejora. Al contrario, mi físico ha cambiado para peor. Emocionalmente también, peor.

De todas maneras, el dibujo que obtenemos a través de nuestra propia voz resulta bastante más tranquilo y desdramatizado que el diseñado por la literatura clásica, que nos quiere convencer de que estamos en un momento trágico en la vida: el inicio de la debacle.

Sofocos y Cía.

Hay algunos síntomas que aparecen de manera bastante regular en la menopausia. Entre ellos el más destacable son los sofocos, que constituyen el grueso de la queja general, en la medida en que se evalúan como la mayor incomodidad experimentada por un número elevado de mujeres en este relato y en la mayoría de los informes sobre menopausia. Los sofocos resultan molestos y suelen provocar un buen número de inconveniencias, fundamentalmente por una de sus características esenciales, es decir, por su incontrolabilidad; se producen en el momento más inesperado y poco se puede hacer frente a ellos, más que utilizar el abanico —gran estrategia: barata, accesible, cómoda y de efecto instantáneo—, o llevar un atuendo a base de prendas superpuestas de las que nos vamos despojando en función de la necesidad del momento. Aunque algunas frioleras evalúan sus leves sofocos como una sensación placentera.

Los sofocos son un poco pesados, pero me recordaban la sensación de cuando iba a países tropicales, esa bofetada de humedad... ¡vida y aventura!

Los sofocos son reales, claro. Aunque el porcentaje de mujeres que los experimenta es alto —80% según Ann Voda—,[7] la intensidad de éstos no es la misma para todo el mundo, sino que varía ampliamente entre unas y otras. Mientras que algunas mujeres tienen sólo ligeros sofocos, otras sufren intensos y molestos bochornos. Su frecuencia está, también, influida por una variedad de factores entre los que se incluye la temperatura ambiente, el estrés, la cafeína, la situación emocional, etc. En el estudio de Anne Koster, el 61% de las mujeres afirmaron haber tenido sofocos durante un promedio de cinco años.[8]

MALESTARES FÍSICOS	Jóvenes %	Medianas %	Mayores %	Total %
Sofocos	54,76	40,32	35,48	43,70
Insomnio, alteración ritmo del sueño	33,33	14,52	6,45	18,52

En cuanto a este estudio, los sofocos son el signo más destacado por las mujeres que han pasado la menopausia, pero aun así afecta sólo al 43,7% de nuestras informantes. Las más jóvenes, las que aún están en ello y tienen una vivencia más fresca de esta experiencia, los señalan en mayor proporción (54,76%); para las mujeres que llevan más años en ella, el recuerdo de los sofocos como molestia desciende al 35,48%.

7. Voda, Ann M. (1997), *Menopause, Me and You: The Sound of Women Pausing*, Binghamton, NY, Haworth Press.

8. Koster, Anne; Eplov, L.F. y Garde, K. (2002), «Anticipations and experiences of menopause in a Danish female general population cohort born in 1936», *Archives of Women's Mental Health*, n° 5, págs. 9-13.

El tema de los sofocos me parece un asunto importante a tener en cuenta, tanto en la consideración de la vivencia y el malestar experimentado por las mujeres, como en las estrategias de vida y salud que se pueden diseñar. Deberemos pensar entre todas qué nos alivia, cómo podemos sortearlos, pasarlos, y construir un espectro de posibilidades, entre las que podamos elegir y probar lo que a cada una le conviene y le resulta más eficaz. Para muchas mujeres son una experiencia muy desagradable, incómoda, molesta, especialmente cuando en determinados momentos un sofoco inoportuno puede suponer algo parecido a poner un anuncio público de que se está viviendo ese periodo, cosa que no gusta, claro.

Los sofocos se experimentan como una molestia cierta, por todo lo señalado anteriormente y también porque, en algunos casos, cuando se producen por la noche, dificultan e interrumpen el sueño, siendo una queja frecuente la interferencia de los sofocos con el ritmo del sueño.

Los sofocos son un trastorno, sobre todo de noche, porque pierdo el sueño.

Cuando llegamos a la mediana edad, el sueño —tal como transcurría en otros tiempos, cuando andábamos pésimas de ferritina y agotadas y caíamos rendidas en la cama— ya no es lo mismo. Ahora, en este momento vital que coincide con la menopausia, simple y llanamente dormimos menos. O al menos dormimos de otra manera, con otro ritmo, intensidad y secuencia. Por lo que no es de extrañar que el insomnio sea la otra gran queja de las mujeres en la menopausia. Especialmente de las que llevan menos tiempo en ella, quienes piensan que los sofocos alteran su sueño, porque las despiertan (33,33%). Nos despertamos a medianoche sudando y ahora que nuestra necesidad de tiempo para dormir ha disminuido, es muy probable que nos cueste retomar el sueño. Así que sofocos e insomnio resultan un binomio frecuente, agravado por la ansiedad con que afrontamos este fenómeno, que no hace más que empeorar el insomnio, dada la fuerte relación entre estado emocional y sofocos.

Padezco insomnio, cuestión que antes no tenía. No creo que se deba al estrés u otros factores, porque he pasado épocas mucho peores en mi vida y seguía durmiendo bien.

Las dificultades para dormir a partir de la menopausia son mucho más frecuentes al principio y disminuyen claramente a medida que aumenta el número de años que se lleva en ella (14,52% y 6,45%). Algunas mujeres identifican una relación temporal entre sofocos e insomnio. Distinguen perfectamente entre una cosa y otra y tienen claro que se trata de molestias que desaparecen a medida que el cuerpo se estabiliza hormonalmente.

Sin embargo, no todas las explicaciones acerca del nuevo estilo de sueño y descanso que practicamos a partir de ahora se relacionan directamente con la menopausia. La variación en el ritmo del sueño tiene mucho que ver con los cambios que se producen en el cuerpo con la edad, tanto en los hombres como en las mujeres. A medida que nos hacemos mayores el sueño se hace menos estable, y nos despertamos con más frecuencia a lo largo de la noche. Necesitamos menos horas de sueño. El hecho de que normalmente esta variación en el estilo del sueño coincide con la menopausia, nos invita a asociar una cosa con otra.

Me incomoda despertarme antes del amanecer, pero tiene la ventaja de que todavía queda tiempo para dormir hasta que suene el despertador.

No tenemos en cuenta otros elementos que contribuyen de manera importante a perturbar el sueño, que no tienen que ver con los cambios hormonales de la menopausia y que, sin embargo, modifican nuestras pautas de descanso nocturno: la tensión alta, el hipertiroidismo, la nicotina, el alcohol, la cafeína. Sin olvidar el estrés, la ansiedad y los estados depresivos y también la apnea, que implica una dificultad respiratoria que fragmenta el sueño y produce somnolencia durante el día. La apnea del sueño ha sido muy poco estudiada en las mujeres. Se me ocurre que probablemente sea así por razones curiosas, como que muchas mujeres mayores viven a solas o porque, a pesar de vivir acompañadas, nadie se da cuenta de que la sufren.

Diversas características individuales, como los patrones de sueño y, por supuesto, las tensiones vitales y emocionales en las que nos encontramos envueltas, tienen mucho que ver con el insomnio en este momento de la vida. El estrés y el sueño se llevan mal. El estrés tiene un claro impacto en la salud; afecta al cuerpo y a la mente y en la menopausia se relaciona altamente con dos de las quejas más frecuentes: los sofocos y el insomnio. Quizá nos resultaría de gran eficacia identificar las fuentes de estrés que nos rondan, dormiríamos mejor y nos deslizaríamos por el ciclo vital con ligereza.

Determinadas prácticas de «higiene del sueño» pueden resultar de gran utilidad para manejar de manera más eficiente el tiempo de descanso. Entre ellas se incluyen las rutinas de horario y lectura; el control de temperatura, el tipo de ropa utilizado en la cama y para dormir; la práctica de técnicas de relajación y respiración; la meditación y el silencio, que pueden hacer del tiempo de descanso un espacio de bienestar, tanto si dormimos como si estamos relajadamente despiertas. Quizás ha llegado el momento de negociar el espacio, la ventilación, la ropa de cama, la luz: una serie de elementos que, de repente, empiezan a tener una importancia exquisita en el bienestar. Los maridos suelen roncar y este detalle —nada desdeñable— entorpece nuestro sueño actual, tan ligero. Una habitación propia ha sido necesaria siempre —aunque nunca nos atrevimos a sugerirla—, pero ahora se hace imprescindible.

OTROS MALESTARES FÍSICOS	Jóvenes %	Medianas %	Mayores %	Total %
Sequedad vaginal, picores	14,29	12,90	16,13	14,07
Dolores óseos, osteoporosis, articulaciones	19,05	8,06	12,90	12,59
Cardiovasculares, tensión arterial	2,38	11,29	0,00	5,93

Otra molestia relativamente frecuente es la sequedad vaginal. Sobre ella hablan todos los libros; sin embargo, éste es otro de los temas sobre los que la mitología patriarcal funciona poderosamente, atribuyendo a las mujeres algo que, más que a la menopausia, se vincula a la pasión, la emoción y el deseo, con frecuencia disipado por la conjunción del tiempo y la mayor o menor habilidad de la pareja. Para este problema, el recurso habitualmente utilizado ha sido la crema lubricante que se suele evaluar como cómoda y efectiva, facilitadora de las relaciones sexuales, aunque también hay quien siente y teme que moleste al compañero. Nosotras siempre tan atentas.

No creo que se pueda sentar cátedra del tema de la lubricación, aún admitiendo que se experimenta un descenso de flujo, con una buena estimulación casi siempre se compensa este hecho.

Otro grupo de quejas hace referencia a determinados temas que son los que de manera repetitiva se relatan en la literatura sobre la menopausia: un repertorio de dolores óseos (12,59%) y temas de carácter cardiovascular. Aunque algunas mujeres afirman que lo peor de la menopausia ha sido las alteraciones que ha sufrido con el colesterol y la tensión más alta, hay que reconocer que éstas poco tienen que ver con las hormonas.

A la lucidez la llaman locura

> Yo creo que esta propensión femenina a la depresión está relacionada en parte con el papel subordinado que durante milenios nos hemos visto obligadas a desempeñar la mayor parte de las mujeres en la mayoría de las culturas.
>
> CHRISTIANE NORTHRUP[9]

A pesar de que la literatura popular y nuestro imaginario están plagados de ideas acerca de los nefastos efectos de la menopausia sobre nuestra psique, los estudios no muestran esta relación. Numerosos trabajos informan de que no hay una evidencia sustancial de una asociación directa entre menopausia y trastornos psiquiátricos; tampoco entre menopausia y la percepción de mayor o menor bienestar psicológico. La investigación empírica sugiere que la depresión no varía de manera predecible con la

---

9. Northrup, Christiane (2001/2002), *La sabiduría de la menopausia*, Barcelona, Urano, pág. 68.

menopausia[10] y que no está necesariamente asociada a ella; solamente en el caso de las histerectomías se encuentra una mayor incidencia de depresión. Esta evidencia contradice el mito y la expectativa que asocia depresión y menopausia. La tan traída y llevada depresión durante la mediana edad se relaciona más con algunas variables psicosociales y personales, como el malestar físico y la historia anterior de depresión, que con la coyuntura menopáusica, excepto, quizás, en un pequeño grupo de mujeres. Betty Friedan[11] recuerda que el estudio de Massachusetts —realizado con 8.000 mujeres, hace ya tres décadas— indicaba que la depresión en la mediana edad va principalmente unida a «sucesos y circunstancias» que se producen en este periodo, por ejemplo los factores sociales y familiares estresantes, que no tienen relación con los cambios hormonales.

Una mirada al silencio de la vida reproductiva, la falta de tiempo libre, de tiempo de ocio, y una vida que como seres-para-los-otros nos ha llevado a ser responsables de la felicidad de los demás, nos indica el origen de la tristeza de algunas mujeres, cuando en la mitad de la vida nos paramos a hacer balance. Estas condiciones depresógenas, que tan acertadamente identifica Mabel Burín,[12] nos permiten tener una idea más cabal de lo que realmente ocurre en el centro de la vida de muchas mujeres. Las diferentes formas de indefensión aprendida no son más que una consecuencia de una vida anónima y sin acceso a unas condiciones mínimas de control sobre la propia vida.

El estereotipo de la mujer menopáusica como depresiva, irritable y ansiosa es justamente eso, un estereotipo. Estas ideas

10. Gannon, Linda (1999), *Women and Aging. Transcending the Myths*, Londres, Routledge.

11. Friedan, Betty (1993/1994), *La fuente de la edad*, Barcelona, Planeta.

12. Burín, Mabel; Moncarz, Esther y Velázquez, Susana (1991), *El malestar de las mujeres. La tranquilidad recetada*, Buenos Aires, Paidós.

prejuiciosas circulan socialmente y se traspasan a la población general, de manera que terminan formando parte del acervo cultural. A pesar de que la investigación demuestra lo contrario, los profesionales de la salud continúan retratando la menopausia como un tiempo de alta vulnerabilidad a los síntomas psicológicos, e insisten en igualar menopausia y depresión, a pesar de la evidencia de que las cosas no son así, con lo que se perpetúa un estereotipo que ni es verdad ni es beneficioso para las mujeres mayores. En realidad, con ello se legitima un estado depresivo encubierto, que tiene sus raíces en una historia antigua de sacrificio y estrés y que había permanecido oculta años y años. No es liberador para la vida de las mujeres en la mediana edad, ya que nos inscribe en la melancolía y la tristeza, desanimando la recuperación de la potente voz propia de la posmenopausia. Probablemente esta vinculación entre depresión y menopausia tenga mucho que ver con los significados culturales, con la salud general y con el aprendizaje social negativo acerca de la mediana edad y el envejecer y, sobre todo, con la interiorización de estas creencias.[13]

INCONVENIENTES PSICOLÓGICO/ EMOCIONALES	Jóvenes %	Medianas %	Mayores %	Total %
Ansiedad, irritabilidad	16,67	25,81	9,68	19,26
Depresión, decaimiento	26,19	6,45	0,00	11,11
Total	**42,86**	**32,26**	**9,68**	**30,37**

13. Derry, Paula (2002), «What do we mean by "The biology of menopause"?», *Sex Roles*, vol. 46, n°s 1/2; Glazer, Greer; Zeller, Richard; Delumba, Ladonna; Kalinyak, Chris; Hobfoll, Steve; Winchell, Jan, y otros (2002), «The Ohio Midlife Women's Study», *Health Care for Women International,* vol. 23, n°s 6-7, págs. 612-630.

Un bloque importante de otros síntomas que tradicionalmente se asocian a la menopausia se relaciona con algunas dificultades de carácter psicológico y emocional. La literatura clásica está plagada de consideraciones al respecto. Las reflexiones que indican un aumento en lo que globalmente podríamos considerar «ansiedad e inquietud» incluyen el empeoramiento del carácter, la mayor irritabilidad, la ira, una cierta tendencia al mal humor, sentir que tenemos menos paciencia para los conflictos cotidianos, que en otros tiempos los sobrellevábamos con mayor ligereza y que ahora se hacen pesados y enrocados. También se habla de una mayor inestabilidad emocional que se evidencia en cambios de humor, ansiedad e inquietud general, falta de concentración, dificultades para la memoria y la atención. Sin embargo, en total, este tipo de molestias apenas afectan al 20% del total de las participantes.

Los cambios bruscos de humor, la irritabilidad, la lágrima fácil.

Por otro lado, los problemas que señalan un aumento en la depresión, el decaimiento físico y psicológico, la falta de energía y el cansancio, que merman la vitalidad, atañen al 11,11% de esta población, afectando en mayor medida a las más jóvenes (26,19%) y no son reseñados por las mayores.

Así pues, en total, sólo el 30% de las participantes informan de alguna inconveniencia de tipo psicológico o emocional, aunque se observan importantes diferencias en relación con la edad: afectan al 42,86% de las mujeres que llevan menos de tres años en la menopausia, frente al 9,68% de las que llevan más de diez años en ella. Es curioso, en esta experiencia vital parece que el tiempo ofrece una moratoria importante a los problemas emocionales y psicológicos, de tal manera que las mayores no recuerdan dificultades relacionadas con aspectos depresivos y sólo algunos inconvenientes en términos de una mayor ansiedad e inestabilidad emocional (9,68%). En el caso de las jóvenes, que son las que con mayor intensidad sufren estos desajustes, predomina la respuesta depresiva y de decaimiento físico y emocional (26,19%), frente a la de ansiedad (16,67%). Parece bastante evidente que el humor y el ánimo de una de cada tres mujeres se ven alterados en la menopausia, aunque las cifras de que disponemos nos indican que ésta es otra de las dificultades que se presenta con mayor intensidad en la primera etapa de la menopausia y que cuando el cuerpo se estabiliza, desaparece.

La inestabilidad psicológica forma parte del imaginario social de la menopausia, tal vez porque históricamente ha convenido desacreditar la fuerza y el poderío recién adquirido —recuperado— por parte de las mujeres posmenopáusicas, y a su maravillosa lucidez la llaman locura. La frase de Margaret Mead[14] «La fuerza más creativa del mundo es la mujer con el vigor posmenopáusico» supone un magnífico reconocimiento de ello.

La nueva armonía de los cuerpos

En este momento del ciclo vital se produce un cambio en la estructura corporal que a veces resulta difícil de aceptar. Dejamos de ser la jovencita que éramos y tenemos que reconciliarnos con la imagen que de nosotras nos devuelve el espejo. Los estrechos cánones de la belleza patriarcal en los que ahora, ciertamente, no cabemos, nos obligan a hacer un trabajo interior en profundidad, de manera que podamos vivir los lar-

---

14. Mead, Margaret (1939/1990), *Adolescencia y cultura en Samoa*, Barcelona, Paidós.

gos años de la posmenopausia asumiendo la nueva armonía de nuestros cuerpos.

Un amplio grupo de notas sobre lo peor de la menopausia tiene que ver con aspectos relacionados con el manejo de las modificaciones de nuestro cuerpo que achacamos a las transformaciones hormonales y, desde luego, con el hecho de envejecer en sí mismo.

> El envejecimiento tan brusco de aspecto, pero no de salud ni agilidad.

Se refieren a este hecho el 44,44% de las mujeres. Es decir, prácticamente una de cada dos mujeres señala que lo peor para ella ha sido afrontar los cambios relacionados con la estructura y apariencia corporal y la evidencia de la edad, que se hacen más patentes en este momento. No hay edad para la queja respecto a la belleza. Homogéneamente, mujeres de todas las edades reclaman su deseo de resultar atractivas.

MALESTARES ENVEJECIMIENTO Y BELLEZA	Jóvenes %	Medianas %	Mayores %	Total %
Engordar, hinchazón, grasa abdominal	21,43	12,90	16,13	16,30
Belleza, aceptar cambio imagen	9,52	12,90	9,68	11,11
Envejecer, paso del tiempo	4,76	11,29	3,23	7,41
Piel: sequedad/ arrugas/flaccidez/ vello	9,52	8,06	12,90	9,63
Total	**45,23**	**45,16**	**41,93**	**44,44**

Algunos cambios corporales que se manifiestan en el tiempo de la menopausia son vividos de manera más problemática que otros. Las quejas se centran en temas como el aumento de peso, el hecho de que los pechos se sitúen en otro lugar, los cambios en la piel —sequedad y pérdida de tono muscular—; así como en el comportamiento errático del pelo debido al cambio hormonal, que hace que aparezca donde no queremos y que desaparezca de otros lugares donde no nos estorba y donde ha estado desde tiempo inmemorial.

No acabo de asumir el cambio del cuerpo, no sólo el aumento de peso, también la redistribución de la grasa. A veces me miro al espejo y me cuesta trabajo identificarme con la imagen que me devuelve.

Después de los sofocos y el insomnio, el problema más señalado —constatado por el 16,3% de las participantes— se refiere a la predisposición a engordar que puede presentarse a esta edad. Se retienen líquidos con facilidad, lo cual conlleva una sensación de hinchazón corporal poco agradable; por otra parte, se produce un aumento de la grasa abdominal que tiende a concentrarse en glúteos y abdomen. El peso suele aumentar a lo largo de la vida, pero en este momento vital concreto, ésta es una de las quejas más frecuentes. Algunos factores se relacionan con ello: la dieta, la composición corporal, las expectativas negativas acerca de la menopausia o el envejecimiento y la clase social.

Todos estos cambios corporales, de hecho, podríamos considerarlos «efectos colaterales» de la menopausia, pero nos producen un gran desasosiego, en la medida en que afectan a las características que han servido para definir lo que en nuestra cultura se supone que «es» una mujer y son los aspectos públicos, externos, en los que reside la mirada del deseo. ¿Cómo reconciliarnos con un cuerpo que no nos obedece y no reúne las características que definen el ser deseable? Ahí nos duele.

Es terrible mirarse en el espejo y no reconocerse y sentir, como se siente a veces, que puede ser que hayas perdido el atractivo… insisto, que «puede ser»…

Una proporción alta de mujeres enfrenta esta tendencia con sabiduría, prestando una mayor atención a su cuerpo, en términos de alimentación, y aumentando la práctica del ejercicio físico. Tomando las riendas.

Lo cierto es que la menopausia nos enfrenta con la vejez, con la finitud de nuestro tiempo en este mundo, con el hacernos mayores y con todo el imaginario que conlleva. Ésta es una realidad a la que tenemos que hacer frente.

La menopausia es también como una señal de que la vida pasa y queda menos tiempo, así que no hay que perderlo en tonterías.

La menopausia —gracias a la propaganda orquestada— se convierte, pues, en un marcador que nos dice, socialmente, que llamamos a la puerta de la vejez y que algunas exclusiones nos están esperando.

Sentir que he pasado a la tercera edad, que he desaparecido casi como mujer.

Nuevas incomodidades y carencias

Algunas quejas sobre la vivencia de la menopausia me parecen interesantes —aunque son voces minoritarias— en la medida en que plantean temas no tradicionales, indicativos de cuestiones emergentes a tener en cuenta. Ahí están, por ejemplo, las mujeres cuyo mayor desasosiego durante la menopausia fue la falta de apoyo recibido por parte de su médica o médico, que no le ofreció el consejo, la información y la atención que ellas necesitaban en ese momento.

> Engordé y lo vivía de manera negativa; sin embargo, la ginecóloga no le daba ninguna importancia, cuando debía haberlo contemplado como un síntoma, lo mismo que tenía en cuenta la osteoporosis.

La falta de apoyo y de sensibilidad por parte del médico o médica o simplemente una atención sanitaria poco atenta a las necesidades específicas de ese momento vital, fueron, según algunas, elementos que dificultaron la transición menopáusica. Hubieran deseado recibir una escucha más empática y menos medicación.

> Es una etapa poco escuchada por médicos internistas y ginecólogos.

Otras informantes sienten el peso de la hostilidad social hacia las mujeres menopáusicas y hubieran deseado tener contacto con otras mujeres que estuvieran viviendo circunstancias similares, con las que compartir la experiencia y también las estrategias y conocimientos al respecto, coyuntura que probablemente habría facilitado y aliviado las dudas y soledades del momento.

El no poder hablar con otras mujeres para compartir, entender, y no sentirme tan sola en mi vivencia.

¿Qué hacer? ¿Mostrar abiertamente que se está en ese momento de la vida, con orgullo, o tratar de esconderlo? Algunas personas sienten la necesidad perentoria de «ocultarla» ante los ojos de los demás, manteniéndola como una vivencia íntima (quizás en la línea del ocultismo con que nos habían enseñado a manejar la regla), mientras que otras mujeres plantean los efectos positivos de poder hablar sobre la menopausia, nombrarla, que supone una terapia interesante y una fuente de comunicación con otras mujeres que viven la misma experiencia. Poder compartir vivencias y emociones es también una manera de normalizarla y desdramatizarla, otorgándole el valor de un momento natural y no vergonzoso en nuestra vida.

No hay mal que cien años dure

En la evocación de «lo peor» de la experiencia menopáusica observamos que se incluyen, así mismo, determinados síntomas o vivencias negativas que nada tienen que ver con la transición menopáusica, malestares que producen incomodidad y que pueden coincidir circunstancialmente en este momento del ciclo vital. Afectan a un número bastante bajo de mujeres, lo cual no quiere decir en absoluto que no sean importantes. De todas maneras, muchos de los síntomas atribuidos inevitablemente a la menopausia no afectan a todas las mujeres, sino que éstos se reparten, por lo que no constituyen una casuística insalvable o suficientemente significativa. Para una persona en concreto puede ser muy engorroso sufrir alguna de estas molestias, pero quizá lo interesante sea saber que, aunque nos toque experimentar alguna de ellas, desde luego no vamos a sufrirlas todas. Creo que ésta es la gran diferencia. Se producen problemas, claro que sí, molestan, por supuesto, pero no cargamos con todos a la vez, sino que depende de una serie de factores que tienen que ver con la coyuntura, con la herencia y con la vida que llevamos, con el estrés, el cuidado propio, la felicidad, las emociones, etc.

La certeza de que los trastornos son pasajeros y que la actitud positiva es un elemento importante para contrarrestarlos.

Una idea que me parece fundamental traer a la palestra cuando se abre el debate de las molestias es que la mayoría de ellas son coyunturales, algunas pueden aparecer en la época de la menopausia, o incluso antes, pero desaparecen al cabo de un tiempo. No son para siempre. Por esta razón, me parece peligroso el retraso que la terapia de reposición hormonal puede producir en la adaptación del cuerpo a los cambios menopáusicos. La ingestión de hormonas puede prolongar el margen de tiempo que el cuerpo necesita para ajustarse a dicho cambio hormonal y para acomodarse al nuevo ritmo biológico. Sin dicha terapia lo haría, más o menos al cabo de un año. De otro modo, tenemos que hacer frente a las sensaciones y cambios menopáusicos dos veces. Mal programa.

Una vez «instalada» la menopausia es una bendición, después del desequilibrio anterior.

Podríamos decir, sin equivocarnos demasiado, que los sofocos se pasan, el insomnio disminuye y el deseo sexual se transforma.

10

No es tan fiero el león como lo pintan

> Nada de lo que nos habían contado sobre la menopausia ha terminado por ser cierto.
>
> CARME VALLS, en conversación, 2006

No nos acercamos a la menopausia con la mente en blanco. Desde muchos años antes vivimos inmersas en una cultura que la define como una «etapa crítica» y nos aproximamos a ella con un buen surtido de temores que hemos ido interiorizando por diversas vías: la experiencia de nuestras madres, el saber popular, la vivencia de nuestras amigas, el discurso del consejo médico, los medios de comunicación, la publicidad, etc.

Los diferentes estudios acerca de las ideas y creencias sobre la menopausia nos indican que cuanto más jóvenes son las mujeres peores son las predicciones acerca de la menopausia. Al igual que los hombres de cualquier edad, que suelen tener mitificada en alguna parte de su cerebro y de sus órganos sexuales la menstruación como signo de juventud, las mujeres cuanto más lejos se encuentran de la menopausia hacen predicciones más negras acerca del significado de ésta en sus vidas.

> La verdad es que anteriormente hablé más de ella de lo que en realidad supuso de cambio para mí.

Es interesante comprobar que, a pesar de que la psicopatología asociada a la menopausia es bastante baja y no afecta de manera significativa a la mayoría de las mujeres, la predicción negativa tiene vida propia en los temores que mantienen las mujeres que aún no la han vivido. Sin embargo, quienes han pasado por esta experiencia la valoran de diversas formas, unas mejor y otras peor, en función de su experiencia.

> Desde los 38 años estaba aterrada... hasta que presté atención a mi genealogía y mis experiencias y recordé que ni mi madre ni mi abuela tuvieron sofocos... yo tampoco los tuve.

Dadas las características negativas de los estereotipos sociales acerca de la menopausia, no es de extrañar que nos acerquemos a ella pensando que, a partir de este momento, se pueden producir diversas catástrofes en nuestro cuerpo y en nuestra vida, ya que, según las previsiones agoreras, se inicia el tan temido «principio del fin».

> Pero... ¿y los problemas que me contaron que podía tener? Más espera, pero no ocurrió nada llamativo...

Supone, pues, una excelente noticia que más del 50% de las mujeres de nuestro trabajo aseguren que no enfrentaron la menopausia con temores previos, porque no tenían en su imaginario una idea claramente negativa acerca de ella. Estupendo. También hay quienes no tenían temores y, sin embargo, lo han pasado regular y quienes sí los tenían y los han experimentado con todo lujo de detalles. Vaya.

> Se han cumplido los temores que tenía y alguno más que no tenía.

TENER O NO TENER TEMORES	Jóvenes %	Medianas %	Mayores %	Total %
No tenía, no recuerdo temores. Es una etapa natural. Está cargada de leyendas	47,62	58,06	45,16	51,85
No tenía temores y se han cumplido otros	7,14	1,61	9,68	5,19
Se han cumplido todos y más	0,00	1,61	0,00	0,74

Los estereotipos básicos acerca de la menopausia incluyen dos grupos de temores que aparecen claramente reseñados en las narrativas personales:

a) La menopausia marca el inicio del envejecimiento de las mujeres.
b) Los cambios hormonales producen una serie de alteraciones que básicamente se centran en los huesos, el sistema cardiovascular, los sofocos y los cambios anímicos de diversa índole. La sexualidad y la mente peligran.

«Envejecer» es la palabra

Para ser considerada bella, en nuestra sociedad una mujer debe disponer de dos rasgos: juventud y delgadez. Ambos son de difícil consecución a medida que pasan los años. El primero porque resulta un oxímoron claro, cuanto más mayor, me-

147

nos joven se es. Evidente. Y la delgadez también podría considerarse una difícil meta, por un cúmulo de razones. Nos educaron para el «cuerpo estético», no para el «cuerpo atlético», así que el deporte y la actividad física no forman parte de nuestro programa de vida; con el cambio hormonal quemamos menos calorías y, además, tampoco hemos aprendido a transformar radicalmente nuestra relación con la comida y la alimentación. Total, mantener el peso no es cosa fácil.

Envejecer con tranquilidad y dignidad es un sueño no del todo fácil de realizar.

Los mensajes que había recibido una de cada tres mujeres indicaban que la menopausia implica la entrada en la vejez.

Los temores se relacionan con los fantasmas de la vejez.

El estereotipo básico incluye el indicativo claro de que ya no se es joven, pero, además, el mensaje incorpora la idea de que con la menopausia se inician diversos deterioros de carácter físico que afectarán a nuestro futuro más o menos inmediato.

No me agrada ver las arrugas, la flaccidez… Lo vivo como señales del comienzo de la decrepitud. Me sitúa frente al envejecer.

Por lo tanto, el gran temor es la dependencia, el deterioro, sentirse inútil.

TEMORES NO CUMPLIDOS Envejecer y pérdida de atractivo sexual	Jóvenes %	Medianas %	Mayores %	Total %
Pérdida de juventud, deterioro, peor aspecto físico, arrugas, engordar, masculinización, menor atractivo sexual	38,10	19,35	45,16	42

Pero, fundamentalmente, el pánico se centra en el capítulo de la belleza pura y dura. Ser vieja se asimila a la idea de ser forzosamente fea. Éste es uno de los logros mejor conseguidos por nuestra sociedad edadista, especialmente contra las mujeres, para las que culturalmente ser mayor puede incluir el temor a perder la lozanía juvenil, la esbeltez y la delgadez.

Tenía un secreto temor: dejar de ser atractiva. La sorpresa ha sido que no me importa mucho y yo diría, y mi entorno me confirma, que tengo ahora otro tipo de atractivo.

Todo ello produce inseguridad porque conllevaría la pérdida del atractivo sexual y la falta de deseo por parte de la pareja. La expulsión del mercado afectivo y sexual. Así, no es de extrañar que la menopausia sea algo que ocultar.

Temía que se notara, que tuviera un rótulo en la frente: «Esta mujer es una menopáusica».

El desprecio que nuestra sociedad siente hacia las mujeres a medida que se van haciendo mayores, menos atractivas para su imaginario sexual anclado en los 20 años, se concreta en algunas agresiones como el término «menopáusica», que nos estigmatiza y resulta deshonroso y peyorativo, en la medida en que incluye una constelación de prejuicios negativos. Sin embargo, y ésta es la buena noticia, estos temores no se han hecho realidad para un buen número de nuestras participantes, quienes, desde el otro lado de la experiencia menopáusica, los relativizan.

La guerra hormonal y sus consecuencias físicas y emocionales

La literatura desmoralizadora acerca de la menopausia se ceba, por otra parte, en el amplio campo de las patologías emocionales y psicológicas: el desánimo, sentir que la vida no tiene una meta, perder las ganas de vivir, etc. como si no tener que preocuparnos por el embarazo nos tuviera que entristecer de manera existencial. Los mensajes recibidos en esta dirección advierten de que sin la regla nos podemos sentir «inútiles», irritables, malhumoradas, deprimidas, cansadas.

Perder la lucidez, el entusiasmo para seguir pesando y produciendo.

Otros mensajes advertían acerca de las patologías presuntamente asociadas a la menopausia que se relacionan con la osteoporosis, los huesos y su fragilidad; el dolor, los trastornos cardiovasculares, la alteración en la tensión arterial, etc., elementos que mágicamente se relacionan con la menopausia y no con otros asociados a hacerse mayor, tanto en los hombres como en las mujeres: por ejemplo, el colesterol, la vida se-

150

TEMORES NO CUMPLIDOS Síntomas tópicos de la menopausia	Jóvenes %	Medianas %	Mayores %	Total %
Depresión, falta de proyectos, de ilusión, de energía vital, cansancio, estrés Cambio del carácter, irritabilidad, trastornos emocionales, desequilibrio	14,28	11,29	16,13	13,34
Sofocos	4,76	9,68	16,13	9,63
Huesos, osteoporosis, dolor de espalda. Enfermedades cardiovasculares	11,90	4,84	6,45	7,41
Total	**30,95**	**25,81**	**38,71**	**30,37**

dentaria, la mala alimentación, el exceso de peso, la vida tediosa y sin objetivos, la televisión, el consumo, la pareja sosa y aburrida y tantas otras coyunturas que necesitamos reordenar cuando llegamos a un punto que ahora se sitúa en la mitad de la vida y que antes era, ciertamente, el inicio de una vejez clara y sin paliativos: nos moríamos treinta años antes que ahora.

Hombres y mujeres somos de la misma especie, no de especies distintas.

Algunos temores no cumplidos trataban de controlar la sexualidad, relacionando el deseo con la menstruación y la fertilidad. Mensajes que indicaban que la menopausia supone una dificultad para el normal desarrollo de la vida sexual de las mujeres: la pérdida irremediable del deseo, sin tener en cuenta el valor de la sexualidad como espacio de interacción, en el que influye claramente la calidad de la experiencia previa y la comunicación emocional con la pareja.

TEMORES NO CUMPLIDOS	Jóvenes %	Medianas %	Mayores %	Total %
Sexualidad y reproducción Pérdida de deseo, frigidez, sequedad vaginal, desenfreno sexual. No sentirme mujer, no tener más hijos	9,52	11,29	16,13	11,85
Peor salud física y mental Enfermar, dolores diversos, deterioro y rigidez mental	14,28	11,29	6,45	11,11

Un papel similar tiene la relación que culturalmente se presupone entre menopausia y empeoramiento forzoso de la salud física y mental.

El mayor miedo es la rigidez mental y emocional, la cual tiene que ver más con el tiempo vivido y con el modo de pelearlo.

Amenazas todas ellas que, finalmente, no aparecieron y permitieron una transición tranquila y despistada.

152

¿Y los problemas que me contaron que podía tener? Espera y más espera, pero no ocurrió nada demasiado llamativo. No perdí el cabello, no me crecieron bigotes, la piel no se puso demasiado áspera, no estaba nerviosa, ni más intolerante, ni «histérica»… Sólo inquieta pensando cuándo me podían pasar esas cosas…

11

En el monte también hay orégano

> Sé por experiencia que las mujeres que están
> atravesando la tormenta menopáusica no se pueden
> creer que después de verdad llegue la calma. Y no
> una calma cualquiera, sino una calma más dulce y
> estable que cualquier otra que puedan recordar.
>
> ELENA ARNEDO[1]

Dado que hasta el momento el grueso de la literatura suele centrarse en los inconvenientes y las amenazas que nos acechan a partir de la menopausia, me parece muy ilustrativo poner en común también lo que se vive como ventajas y/o mejoras que se atribuyen a esta transición vital; todo ello con el fin de poder elaborar un mapa más completo de la realidad en el que se incluyan los aspectos negativos y los positivos, porque en el monte también hay orégano.

Una transición positiva o simplemente neutral

Como vemos en nuestra cultura, una buena parte del discurso médico sobre las mujeres se ha centrado de manera ob-

1. Arnedo, Elena (2003), *La picadura del tábano. La mujer frente a los cambios de la edad*, Madrid, Aguilar, pág. 198.

sesiva en la menopausia y en las consecuencias que en términos de salud nos puede deparar la falta de estrógenos, a largo
plazo; mientras que desde la mirada feminista se propone otra
perspectiva diferente, sugiriendo que un número importante
de mujeres viven la menopausia como una transición positiva
o simplemente neutral y celebran su llegada, en tanto que para muchas supone la liberación del miedo al embarazo y de las
molestias asociadas a la contracepción y a la menstruación: el
síndrome premenstrual y las hemorragias terribles, desaparecen felizmente cuando termina la regla, pero, sobre todo, disfrutan de la oportunidad que se les presenta en este momento
de dar un cambio a su vida.[2]

Hasta hace pocos años no se informaba de los efectos positivos de la menopausia. Probablemente no se trataba de una
estrategia diseñada intencionalmente, sino que el discurso dramático y el paradigma de género acerca de la feminidad estaban tan arraigados que ni siquiera se pensaba que pudiera haber algo que celebrar en ella. Sin embargo, hoy sabemos que
hay otras maneras, más positivas, de interpretar el cambio biológico del devenir mayores.[3] La menopausia puede ser vista,
también, como una sabia estrategia de nuestro cuerpo para
protegernos, de forma natural, de embarazos no deseados y
peligrosos a determinadas edades y de defendernos del estrés
físico de la reproducción, en el momento en que el cuerpo empieza a envejecer.

2. Winterich, Julie A. y Umberson, Debra (1999), «How Women Experience
Menopause: The Importance of Social Context», *Journal of Women & Aging,*
vol. 11, n° 4, págs. 57-73; Gannon, Linda y Ekstrom, Bonnie (1993), «Attitudes
towards Menopause: The Influence of Sociocultural Paradigms», *Psycology of
Women Quarterly*, n° 17, págs. 275-288.
3. Lock, Margaret (1998), «Models and practice in menopause: menopause as
syndrome or life transition», *Culture, medicine and Psychiatry*, n° 6, págs. 261-280.

Con respecto a este tema resulta interesante observar las contradicciones culturales con que nos enfrentamos ante el hecho de que hoy, gracias a la tecnología y los avances médicos, las mujeres puedan ser madres a edades muy avanzadas. Una buena parte de las mujeres sentimos un cierto escalofrío ante lo que puede significar, en términos de esfuerzo, cuerpo y proyecto personal, tener criaturas a los 50 años, cuando las agotadoras tareas de maternaje parece que vienen cuesta arriba. La respuesta social ante esta posibilidad suele ser de rechazo y repugnancia. Sin embargo, no ocurre lo mismo cuando es el varón el que —normalmente con una esposa joven— tiene criaturas en edades aún más avanzadas, hecho que se produce con gran frecuencia. Este caso, por el contrario, se lee como signo de virilidad y vigor juvenil, lo cual nos indica la diferencia material (de esfuerzo físico y corporal) que se da entre maternidad y paternidad y también la diferente asignación cultural (de significado) otorgada a las tareas de paternaje.[4]

Más allá de los cambios corporales que tenemos que afrontar durante la menopausia, que nos suelen inquietar por regla general a casi todas las mujeres, algunas viven y evalúan la menopausia como la entrada en una «buena» etapa de la vida, mejor y más despreocupada que las anteriores.

Siempre se ha dicho que los cambios en la menopausia deben ser parecidos en intensidad a los de la adolescencia. Mientras que en la adolescencia estás tan enloquecida que no te das cuenta de casi nada, la menopausia ofrece una oportunidad de instrospección y observación que no puede desaprovecharse.

4. Chornesky, Alice (1998), «Multicultural perspectives on menopause and the climacteric», *Affilia*, vol. 3, nº 1, págs. 31-46.

El fin del periodo reproductivo puede ser, y de hecho es, algo placentero y deseable para muchas mujeres. Lonnie Barbach[5] afirma: «Después de la menopausia muchas mujeres empiezan a sentirse la mar de bien. Informan de menos síntomas, físicos y/o psicológicos, que en cualquier otro periodo de su vida». Es decir, se sienten mejor de salud que cuando eran más jóvenes. Disponen de más tiempo para sí, de más confianza en sí mismas y de renovadas energías para hacer lo que ahora les parece importante.

> He tenido muchos cambios favorables. Me siento más segura de mí misma, pero no puedo atribuirlo sólo a la menopausia.

La realidad es que la situación personal y laboral de las mujeres de hoy hace que prestemos poca atención a la menopausia, puesto que cuando llega estamos ocupadas en tareas vitales de gran trascendencia para nosotras. La crianza cada vez más tardía, que nos sitúa en muchos casos a los 50 años en plena función maternal con criaturas en edad escolar; el cuidado de nuestros mayores longevos y necesitados de nuestra mirada; nuestra posición en el mercado laboral, en plena ebullición profesional, y el gusto recién descubierto por la vida propia, hacen que el cese de las menstruaciones se produzca de manera natural y el futuro se vislumbre prometedor.

> Me siento con mucha energía para realizar varios proyectos personales que he ido posponiendo a lo largo de los años. Siento que ha llegado el momento de preguntarme qué es lo que yo quiero en esta etapa de la vida y hacerlo posible, ¿si no, para cuándo?

5. Barbach, Lonnie (1993), *The Pause: Positive Approaches to Menopause*, Nueva York, Dutton, pág. 78.

Actualmente disponemos de numerosas evidencias científicas que avalan el hecho de que, al margen del tema corporal que fastidia a muchas mujeres, una mayoría vive positivamente la menopausia. De todas maneras, el planteamiento biomédico no se produce en balde y como narración predominante en nuestra cultura afecta a las experiencias individuales de las mujeres. Este discurso oficial, negativo, se centra especialmente en los cambios corporales que son achacados a la disminución de hormonas. Lo cual lleva a que algunas mujeres identifiquen menopausia y cambios corporales y la perciban de manera negativa, perdiendo de vista que, de forma natural, en el cuerpo humano se producen a lo largo del ciclo vital una serie de transformaciones que no tienen su origen preciso en la disminución hormonal de la menopausia, sino en el calendario evolutivo que marca los diferentes acontecimientos corporales.[6]

A pesar de todo, también es cierto que, justamente en la edad mayor, se produce un crecimiento psicológico que es reconocido y celebrado por muchas mujeres que a estas alturas ya no están demasiado pendientes de hacer lo que «conviene» a una mujer de edad, sino que escuchan sus deseos y los ponen en práctica. Mujeres que atribuyen su mejora personal en términos de mayor autovaloración, a que su experiencia y su vida les han permitido reconocer sus saberes y ponerlos en valor.

Los aspectos positivos no los ligo a la menopausia, sino a la edad, que me ha dado una mayor serenidad a la hora de enfocar situaciones y también en las relaciones.

6. Dillaway, Heather E. (2005), «(Un)Changing menopausal Bodies: How Women Think and Act in the Face of a Reproductive Transition and Gendered Beauty Ideals», *Sex Roles*, vol. 53, nos 1/2, págs. 1-17.

Si entendemos la menopausia como un hecho coyuntural, veremos que en este momento histórico concurren determinados acontecimientos que pueden ser vividos de maneras diversas, no forzosamente negativas. Así, el llamado «nido vacío» —que nos asigna un espacio en el corral doméstico— supone para muchas mujeres una liberación, por mucho que socialmente se espere que la maduración y partida de los hijos e hijas se viva con tristeza. Al fin y al cabo, que las hijas y los hijos se vayan de casa, hagan su vida y tengan independencia y autonomía es un logro que muestra la eficacia y el éxito de la crianza.

También se producen en este tiempo algunas coyunturas conflictivas que afectan a la vida de las mujeres. Ahí están los temas relacionados con la pérdida de la pareja, a causa de la separación, el divorcio o la muerte, que puede implicar un fuerte impacto emocional y la pérdida de confianza y seguridad. Si durante los años jóvenes no hemos sabido ir tejiendo y sosteniendo la red de apoyo necesaria para la vida, cuando nos encontramos con los divorcios y separaciones podemos echar en falta la compañía y tener fuertes sentimientos de soledad o de abandono. Amén de que para muchas mujeres la pérdida de la pareja puede suponer un quebranto económico importante, dadas las escasas previsiones que al respecto hemos sabido hacer cuando éramos jóvenes y estábamos a tiempo. Entonces no nos pareció necesario atar corto el tema del dinero, porque el amor todo lo podía y no nos parecía estético, pero ahora, pasados treinta años, estamos ya fuera del mercado laboral y con las habilidades para ganarnos la vida un tanto mermadas.

Sin embargo, disponemos de un capital delicioso, una fuente de apoyo y reconocimiento de gran valor estratégico y espiritual. Desde hace muchos años las mujeres aprendimos a compartir nuestros desvelos. Los grupos de autoayuda nos permitieron un excelente entrenamiento en la comunicación íntima y nos enseñaron a nombrar lo que nos ocurría. Ahora, en la menopausia, poder compartir con otras mujeres nuestras emociones, sensaciones y vivencias nos permite acompañar la experiencia y nos ayuda a transitarla con elegancia. Nos ofrece la impagable sensación de ser parte de una comunidad de cuidados, de disponer de una red que nos apoya, como diría Betty Friedan.

En las diferentes narraciones sobre la vivencia de las mujeres en la menopausia se pueden encontrar numerosos argumentos que describen beneficios que se asocian a ella, unos de carácter físico, otros más de tipo emocional y psicológico y también los que enfatizan la libertad adquirida o la mejora en determinados aspectos prácticos.

A pesar de que algunas mujeres no encuentran ninguna ventaja a la menopausia y consideran que todo lo que han vivido en ella es negativo, nos parece interesante comprobar que el 86,67% de todas las informantes afirma que la menopausia le ha proporcionado algunos beneficios. El promedio de ventajas y mejoras detectadas por persona se distribuye de la siguiente manera:

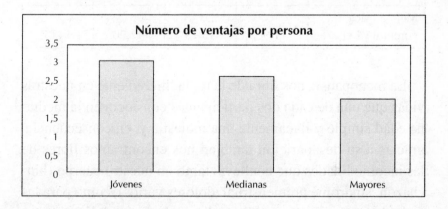

Es decir, las jóvenes enumeran casi tres ventajas por persona, de promedio, proporción que disminuye algo con la edad, pero que, aun en el peor de los casos, se mantiene en dos ventajas por persona. No está mal, como contradiscurso para los agoreros de la transición menopáusica.

Paz hormonal

El ciclón de las hormonas desaparece igual que vino y con la desaparición de la menstruación se disipan algunas de las molestias que nos han acompañado en el periodo fértil de nuestra vida.

MEJORAS FÍSICAS	Jóvenes %	Medianas %	Mayores %	Total %
No más molestias hormonales. La regla como molestia desaparece	61,90	48,39	48,39	52,29
Otras molestias menos	16,67	19,35	9,68	16,30
Mejora física, corporal y belleza	11,90	16,13	12,90	14,07

La menopausia nos libra de la regla, ingrediente en nuestras vidas que una de cada dos participantes considera en la mediana edad simple y llanamente una molestia y, en consecuencia, gracias a su desaparición también nos encontramos libres de las incomodidades que conlleva, tanto en nuestro cuerpo (hinchazón, síndrome premenstrual, dolores varios), como para las actividades de la vida cotidiana (hacer deporte, viajar).

No tengo dolores menstruales, ni lloro cuando se rompe un plato los días premenstruales.

162

Es muy llamativo el gran número de mujeres de todas las edades que hace estas afirmaciones: en total más del 50% vive la desaparición de la regla como un claro alivio, cifra que, en el caso de las mujeres que llevan menos tiempo viven sin ella, llega a ser del 61,90%.

Estabilidad física, sin sensación de cuerpo cíclico. ¡Qué descanso!

En numerosas ocasiones no se entra en detalles para expresar esta sensación y vivencia de mejora, simplemente se reconoce la menstruación como algo molesto para la cotidianeidad, expresando que ahora, sin ella, se vive mejor. En gran medida porque en este proceso de desaparición de la regla se volatilizan algunas de las molestias de tipo hormonal que nos habían acompañado durante mucho tiempo, especialmente el síndrome premenstrual, con los dolores subsiguientes en el pecho, los ovarios, la hinchazón, etc. Por todo ello se evalúa positivamente la sensación de que gracias a la menopausia en nuestro cuerpo se alcanza una interesante paz hormonal.

Noto lo que llamo «la paz hormonal», que se caracteriza por un bienestar conmigo misma.

Además, al no menstruar mensualmente, empezamos a superar la anemia que hemos sufrido durante tantos años; con ello también se produce una mejora en el estado de ánimo y la vitalidad y una disminución de las taquicardias. Disfrutamos de mayor energía.

He dejado de tener taquicardias por la anemia que me acompañó en los últimos años por exceso de menstruación.

Por otra parte, algunas dolencias que algunas mujeres han experimentado durante largos periodos de tiempo, como las cefaleas, también ahora desaparecen, lo cual se percibe como una mejora en el bienestar físico de la posmenopausia.

Me siento ahora con más energía incluso que antes.

Muchas mujeres consideran que con la menopausia cambia el sistema endocrino y, por lo tanto, se produce una tendencia a engordar, cosa que suele preocuparnos bastante, pero también se reconoce que con ella se adquieren determinadas cotas de estabilidad en el cuerpo, que nos permiten reconciliarnos con él. Así, me parece interesante destacar el hecho de que algunas participantes afirman que han logrado un equilibrio físico, incluso en el peso, y que ahora, después de las insatisfacciones corporales de la juventud, empiezan a gustarse, se ven más atractivas, más guapas y se sienten con un mayor dominio de su cuerpo.

Me veo mayor, pero guapa.

Es un proceso que contradice estupendamente los mandatos del mito de la belleza, que tiene en la juventud y la delgadez sus mayores exigencias. Esto se produce en el 14,07% de todas las mujeres, porcentaje nada despreciable; especialmente así lo viven aquellas que llevan ya algunos años en la menopausia y se han desprendido de las molestias más inmediatas que la rodean, pero no acusan aún en su cuerpo los signos más evidentes de la edad mayor.

Me veo más atractiva y mi pareja también.

Me parece un asunto importante a tener en cuenta, porque este bienestar corporal permite una presencia física y social importante. Solamente si nos gustamos podemos mostrarnos, elegir, optar, actuar, nombrarnos. Un logro, sin duda de gran calado, en términos individuales y también sociales, en la medida en que permite la generación de modelos para las mujeres más jóvenes que pueden mirar la menopausia y el hacerse mayores como un interesante camino que recorrer.

Paz interior

Otras ventajas de la menopausia de las que dan cuenta nuestras participantes tienen que ver con los aspectos psicológicos, emocionales, personales e internos.

MEJORAS PERSONALES	Jóvenes %	Medianas %	Mayores %	Total %
Psicológicas	47,62	41,94	19,35	38,52
Emocionales	28,57	25,81	9,68	22,96
Sociales y relacionales	14,29	1,29	3,23	10,37

La ya señalada «paz hormonal» se vive también como una fuente de mayor equilibrio emocional, de manera que ahora se puede poner más distancia a los hechos que nos inquietan; podemos mostrarnos más «pasotas» que antes, estamos más tranquilas, menos ansiosas. Contamos con una nueva sensación: la de disponer de una mayor paz interior, de más resistencia a las frustraciones, siendo capaces de relativizar los problemas con mayor facilidad que en momentos anteriores.

Creo que con la madurez, y no forzosamente vinculada a la menopausia, se alcanza un grado de paz y armonía que te ayuda a vivir de una manera más relajada y auténtica. Aprendes a relativizar y a centrarte en los aspectos realmente importantes de la vida. Ganas en seguridad y autoestima y eres más consciente de los aspectos que te interesan de las relaciones. Creo que es una etapa formidable.

El humor se estabiliza, hay menos cambios anímicos y en este momento de la vida se disfruta de mejor carácter. Parece que la edad tiene bastante que ver con este proceso, como si en los años previos a la menopausia la inquietud emocional ocupara más espacio y, por lo tanto, son las mujeres que llevan menos tiempo en ella las que en mayor medida pueden identificar y reconocer esta ventaja.

Estoy más contenta y a gusto conmigo... aunque no creo que sea a causa de la menopausia, sino de la edad, que te vuelve más centrada en ti misma y menos dispersa.

Junto a este mayor equilibrio emocional se detecta una interesante impresión de disponer de plenitud psíquica y emocional. Sensación de dominio de las situaciones, de madurez, constatando una mejora personal y un mayor autoconocimiento. Las mujeres se sienten más seguras, con más recursos personales, se autovaloran más.

Me siento menos impulsiva, más madura emocionalmente, con mayor resistencia a la frustración, más comprensiva; en fin, tengo mayor distancia emocional con los malos rollos.

Disponen de un mayor conocimiento personal, reflexionan más sobre sí mismas, se cuidan más, se toman en serio y empiezan a sentir que ha llegado el momento en que deben tomar las riendas de su vida. Un camino hacia la afirmación personal.

Lo más positivo es que la menopausia no alteró en nada quién soy, cómo vivo y la felicidad que la vida me inspira.

Apareció un pensamiento propio que siempre estuvo, pero que me daba miedo mostrar.

Como consecuencia de este mayor control emocional, algunas informantes sienten que la menopausia ha facilitado también una mejora en sus relaciones sociales. Se perciben más tolerantes, más comprensivas, con más facilidad y fluidez para la amistad, en la medida en que la mayor autovaloración las hace menos dependientes.

Entre las mejoras de tipo global, se reconoce que la menopausia supone una ventaja en la práctica de la sexualidad, puesto que ahora, una vez liberadas de la fecundidad, podemos disfrutar de una experiencia corporal y afectiva más libre y dejar de utilizar los métodos anticonceptivos que resultan poco prácticos y bastante desagradables. Éste es un discurso predominante, como veremos con detenimiento más adelante.

MEJORAS PERSONALES	Jóvenes %	Medianas %	Mayores %	Total %
Mejor sexualidad	16,67	29,03	32,26	25,93
Liberación	26,19	17,74	12,90	19,26

En cuanto a la mejora en las relaciones sexuales, son las mujeres de más edad las que se muestran más categóricas (32,26%), evidenciando la realidad de que en su época prácticamente no existían métodos anticonceptivos, por lo que su sexualidad estuvo siempre amenazada. Las más jóvenes, en cambio, quienes han dispuesto de mayor libertad y seguridad en este aspecto, valoran menos esta ventaja, a pesar de que también la reconocen. El signo de los tiempos se hace presente en este tema, de nuevo.

Sentir mi cuerpo mío, sin que pueda ser preñado, me proporciona una vida mía.

Las más mayores celebran las ventajas y descubrimientos de la sexualidad sin miedo al embarazo —apenas dispusieron de sistemas de contracepción seguros—, mientras que las medianas aplauden la liberación del uso de los métodos anticonceptivos de los que han dispuesto, pero de los que han sufrido los inconvenientes de los primeros tiempos: las altas dosis hormonales y los olvidos hacían de la píldora un castigo autoimpuesto, sin olvidar las incomodidades del DIU y sus hemorragias.

Al poder tener relaciones sexuales sin preocupación de anticonceptivos se recupera, o mejor dicho se aprende, a disfrutar del placer.

Por otra parte, una de las consideraciones fundamentales relacionadas con la vivencia de la menopausia se refiere a la liberación psicológica y personal que han podido disfrutar gracias a ella o al menos coincidiendo con ese momento. A partir de ahora podemos sentirnos más libres, más dueñas de nuestra existencia y de nuestro ser; con más capacidad para emprender nuevas empresas, más resolutivas, confiadas. Algunas mujeres manifiestan que se sienten más desinhibidas, más «descaradas», más autoafirmativas.

¡Lo más divertido es sentir cómo se suelta la lengua!

Ponen en circulación su libertad, no se sienten coartadas por el imaginario de la feminidad que durante años las convirtió en amables esposas. También son las mujeres que la han experimentado más recientemente las que perciben este tipo de mejora con mayor intensidad.[7]

Es curioso observar cómo las mujeres que hace más tiempo que han tenido la menopausia señalan mejoras fundamentalmente de carácter físico y sexual y muy pocas de carácter psicológico y emocional. A pesar de que cuando proponen o relatan las estrategias que les han sido útiles para afrontarla hacen una larga enumeración de habilidades de carácter psicológico que tienen que ver con la relativización y la desdramatización de la situación, considerados como elementos clave para salir airosas de esta transición.

Ligeras de equipaje

Al margen de las consideraciones más trascendentales, algunas de las ventajas atribuidas a la menopausia son estrictamente de carácter práctico.

MEJORAS CONCRETAS	Jóvenes %	Medianas %	Mayores %	Total %
Materiales/ económicas	4,76	9,68	3,23	6,67
Concretas/ Vida más práctica	26,19	16,13	22,58	20,74

7. Heilbrun, Carolyn (1988/1994), *Escribir la vida de una mujer*, Madrid, Megazul.

169

Por ejemplo, no tener que comprar compresas supone un ahorro evidente, lo cual es muy cierto, dado que en nuestro país hasta hace poquísimo tiempo las compresas tenían impuesto de «objeto de lujo» —como los diamantes o los coches. Sin comentarios.

¡Ahorro un pastón en tampones!

También se reconoce que tener que estar pendiente de si viene o no viene la regla resulta incómodo para viajar, para la espontaneidad en las relaciones sexuales, en tanto que exige un estado de alerta y resulta un inconveniente para la fluidez y ligereza cotidiana. Claro que algunas de las afirmaciones anteriores —relativas a las molestias de la regla o la liberación— también pueden ser leídas en términos de mejoras fundamentalmente prácticas que permiten vivir mejor la cotidianeidad, sin ataduras ni molestias. Cuando se nos dice que lo mejor de la menopausia es el simple hecho de perder de vista la regla y con ella sus incomodidades, ahí se hace una consideración en términos de comodidad; algo similar ocurre cuando se considera que la menopausia es una liberación.

12

Deseo/s y vida sexual

> Si ustedes se lo pueden permitir, hagan el amor
> lo más posible.
>
> ELENA ARNEDO[1]

La sexualidad resulta un terreno profundamente hipotecado para las mujeres a medida que nos vamos haciendo mayores —es decir, invisibles y asexuales—, sea cual sea nuestra opción afectivosexual, aunque esto es así, de manera especial, con nuestros congéneres masculinos, como si a ellos la cosa les funcionara de diez.

La vivencia de la sexualidad en la mitad de la vida es una experiencia compleja, especialmente para las mujeres que normalmente hemos mantenido una relación, dejémoslo en «peculiar», con nuestros cuerpos y con la sexualidad. Diversos factores influyen en cómo nosotras podemos experimentar los diferentes cambios de la edad, en términos de la satisfacción y práctica sexuales. Las expectativas culturales acerca de la relación entre menopausia y sexualidad «dictaminan» la extinción del deseo femenino a partir de la menopausia y marcan como telón de fondo nuestra relación con el deseo al cual ape-

---

1. Arnedo, Elena (2003), *La picadura del tábano. La mujer frente a los cambios de la edad*, Madrid, Aguilar, pág. 139.

nas osamos acercarnos, puesto que «no es para nosotras». Nos sentimos inapropiadas. Esta creencia conlleva una vinculación sospechosa entre deseo y reproducción: cuando no somos fértiles el deseo nos abandona, lo cual implica la suposición de que el deseo femenino tiene como objetivo la reproducción, ¿y el masculino, la pasión? Por otra parte, la heterosexualidad obligatoria y los mandatos de género —que definen el «sexo satisfactorio» para las mujeres— hacen el resto.

Tenemos necesidad de piel, a todas las edades. El contacto físico es beneficioso. Es terapéutico. Los seres humanos disfrutamos del contacto físico, piel a piel, de la relación sexual, a cualquier edad —en determinadas condiciones y con según quién, claro—. Sin embargo, una de las expectativas culturales más arraigadas con relación a las mujeres presupone que el deseo y la práctica sexuales disminuyan o desaparezcan por completo a partir de la menopausia y si no lo hacen, deberían hacerlo, porque cualquier sexualidad es demasiada y obscena para ellas en la edad mayor; al menos en el imaginario de la sociedad juvenilista en que nos movemos. Esta expectativa de que el deseo sexual «disminuye» o «desaparece» en la menopausia predice en sí misma un descenso real en la actividad y la satisfacción sexual, comportándose a modo de profecía de autocumplimiento.[2]

Frente a la creencia social de que el deseo se desvanece con la edad, la evidencia científica muestra que, de hecho, la libido femenina no sólo no disminuye, sino que aumenta; aunque también es muy probable que, a la vez, experimentemos cambios físicos y psicológicos que afecten a nuestro interés sexual.

2. Koster, Anne; Eplov, L.F. y Garde, K. (2002), «Anticipations and experiences of menopause in a Danish female general population cohort born in 1936», *Archives of Women's Mental Health*, n° 5, págs. 9-13.

Esta arraigada reticencia social sobre la sexualidad inhibe la libertad de las mujeres para llevar a la práctica sus deseos, para hablar sobre ellos, tanto en público como en privado, y para mostrarse interesadas y activas al respecto. De hecho, no son pocas las mujeres que se sienten «avergonzadas» por sus deseos, que consideran poco apropiados para una mujer mayor.

El sexo «real»

Las ideas culturales normalizan la heterosexualidad como una cualidad natural, más que como una construcción social o una elección individual. La fantasía del amor romántico heterosexual marca nuestra socialización primaria y está presente en la vida cotidiana y en todos los medios de comunicación, identificándose como el único modelo «correcto» de relación. Estas normas enfatizan el deseo masculino, activo, y sitúan a la mujer en la posición del «objeto de deseo», en la pasividad. Las relaciones heterosexuales subrayan la idea del sexo como coito, al servicio del placer masculino. El sexo «real» es eso, pues, y sólo eso. Las palabras y la conversación íntima sobre los deseos sobran. Diversas dificultades e incomunicaciones con que nos encontramos en este terreno tienen mucho que ver con ese reparo heterosexual de hablar acerca de los deseos, que hace que en este momento de la vida, cuando determinados hábitos y rutinas podrían modificarse, se perpetúen las incomodidades o desencuentros que arrastramos en la práctica sexual y, consecuentemente, sintamos rechazo o desinterés por hacer sexo.

Sigo percibiendo que los deseos masculinos y femeninos discurren por distintos derroteros.

173

Diversos factores se conjugan en el declinar del deseo y la actividad sexual a lo largo del tiempo que se relacionan, precisamente, con la condición heterosexual. Por una parte, el hecho de tener una pareja masculina mayor o enferma puede hacer difícil la satisfacción y la práctica sexual, dada la frecuente disfuncionalidad masculina; por otra parte —estrictamente en términos de edad—, la menopausia puede suponer una dificultad para iniciar una relación sexual, en la medida en que los varones —que también son mayores— buscan animar su sexualidad alicaída con mujeres jóvenes, aprovechándose del doble código social que aprueba esta práctica en ellos y la censura cuando la llevan a cabo las mujeres.

Las posibilidades de seducción, así como los ligues y conquistas son muy diferentes entre hombres y mujeres, a partir de cierta edad.

La evidencia de que la edad afecta la vida sexual de las mujeres mayores heterosexuales, más que la de los hombres, no se puede explicar diciendo que somos más conservadoras o tenemos menos deseos sexuales, sin repasar con atención los efectos sobre nuestra vida sexual de los prejuicios sexistas y edadistas que promueven la visión de las mujeres mayores como poco atractivas y deseables y como compañeras sexuales inadecuadas.

En buena medida, la calidad de la sexualidad en la edad mayor se relaciona con la calidad de la experiencia sexual en edades más jóvenes y con nuestra mayor o menor práctica a lo largo de la vida.

Me parece importante preguntarse qué sexualidad se vivía previamente a la menopausia.

174

Sentirnos atractivas ha sido muy importante en nuestra juventud, y este deseo no desaparece con la edad, al contrario. Llevamos tatuada a fuego una socialización en «la mirada del otro». Cumplimos años, pero seguimos deseando ser visibles y atractivas para la inspección masculina, ya que perder la capacidad de ser deseada es culturalmente sinónimo de vejez y fealdad. Con ello entramos en un círculo perverso que afecta nuestra autoestima y con demasiada frecuencia nuestras conductas. No es que seamos menos interesantes, guapas y deseables: es que somos mayores y esta sola condición nos expulsa del escenario del mercado heterosexual, como si ellos siguieran siendo Apolo, o como si lo importante fuera la posibilidad de reproducirnos, en una sociedad como la nuestra en la que las mujeres hemos hecho una huelga de úteros caídos los últimos treinta años y nos reproducimos al mínimo.[3]

¿Qué podemos decir sobre menopausia, sexualidad y deseo?

En el tema de la sexualidad, como en otros asuntos relacionados con la menopausia, es tal el prejuicio negativo que pocas investigaciones se plantean indagar en el conocimiento de los cambios positivos que en el terreno de la sexualidad se pueden experimentar en este periodo, como un aumento en la actividad sexual, la transformación del deseo y la calidad del orgasmo.[4]

3. Dillaway, Heather E. (2005), «(Un)Changing menopausal Bodies: How Women Think and Act in the Face of a Reproductive Transition and Gendered Beauty Ideals», *Sex Roles*, vol. 53, n°s 1/2, págs. 1-17.
4. Winterich, Julie A. (2003), «Sex, Menopause, and Culture. Sexual Orientation and the Meaning of Menopause for Women's Sex Lives», *Gender & Society,* vol. 17, n° 4, págs. 627-642.

Es en la conversación acerca de la sexualidad donde aparecen con más claridad algunos de los puntos críticos sobre la menopausia, al menos en las mujeres que se atreven a hablar de su experiencia personal. Con la menopausia y las coyunturas psicosociales de la mitad de la vida, la sexualidad cambia. Ésta es una idea que se muestra de manera bastante clara en los diferentes relatos, tanto en los que se hace una evaluación negativa de los efectos de la menopausia en la sexualidad, como en las versiones más optimistas de ella.

La menopausia va unida a un proceso psicológico evolutivo de la propia persona. La estructura familiar cambia, las exigencias de las parejas son otras, las de las mujeres también y la sexualidad y el deseo siguen ahí, pero quizá somos menos exigentes y queremos que el afecto, la comprensión y el cariño ocupen el primer plano.

A todas las edades resulta difícil hablar sobre la sexualidad, así que no es extraño encontrar una cierta parquedad en el discurso que viene a confirmar la dificultad histórica que hemos tenido, a partir de una educación restrictiva y pudorosa, para mostrar este lado de nuestra experiencia. Sin embargo, también resulta cierta la afirmación de que con la edad nos sentimos más libres para nombrar lo que anteriormente hemos silenciado, por obediencia, sumisión o vergüenza, y podemos encontrar relatos bastante prolijos y sinceros sobre la vivencia posmenopáusica en términos de deseos y placer en torno al sexo.

Algunas de las informantes sostienen que no se han producido cambios en su vida sexual y que siguen en este aspecto tan activas y felices como antes, y otras hacen un relato detallado de las pérdidas experimentadas, que van desde una clara disminución del deseo, a la decisión personal de dar por terminado este compartimento de su vida. Esto puede ser por voluntad propia, u obligadas por la situación emocional y las dificultades para encontrar una pareja afectiva y sexual satisfactoria; o bien, por no atreverse a validar unos deseos lesbianos que, de vez en cuando, asoman en su cuerpo y en su mente, pero que son comedidamente rechazados.

En un buen número de narraciones se identifican aspectos que suponen ahora una mejora en la vida sexual; aunque también es cierto que en otras se detectan elementos que implican un empeoramiento de la experiencia y la emoción sexual a partir de la menopausia. Los datos reflejan la diversidad de situaciones enunciadas, mostrando los diversos ángulos de esta experiencia tan poco estudiada hasta el momento.

La información de que dispongo invita a repensar la relación entre menopausia y sexualidad. La literatura al respecto nos ofrece un panorama poco alentador, en tanto que la presunción de una catastrófica relación «causa-efecto», ineludible, proporciona una explicación excesivamente poco contrastada para una coyuntura tan compleja como son la evolución de la sexualidad a lo largo de la vida y su significado a partir de la mediana edad. La mayoría de los trabajos disponibles no tienen en cuenta una buena cantidad de matices (culturales, experienciales, físicos y estéticos) que condicionan y delimitan la realidad afectivosexual de las mujeres en la mediana edad y en la edad mayor.

En este *continuum* que va del cero al infinito encontramos informaciones que señalan diferentes posiciones en la vivencia de la sexualidad posmenopáusica. Las diversas experiencias muestran una variedad de situaciones personales que recorren este pasillo que va de la vivencia de una continuidad —con pocos cambios en la vida sexual y en el deseo—, a la constatación de mejoras y el desarrollo de nuevas prácticas —que permiten una relación diferente con la sexualidad. También hay quienes viven un deseo «disipado», con una peor relación con la sexualidad y una disminución clara de la ilusión, o incluso la decisión personal de prescindir de ella, como una forma válida de vida sexual.

Continuidad y pocos cambios

Somos seres evolutivos y el cambio que se identifica en la sexualidad en el periodo menopáusico se entiende como un proceso natural, que tiene lugar de acuerdo con un programa biológico, siendo las creencias sociales e individuales las que le otorgarán un valor u otro.

> No ha habido un antes y un después de la menopausia en mi sexualidad. Mi vida es un *continuum* mucho menos apegado a la biología. Ni paso, ni transición, ni edad crítica, ni nada de nada.
> La menopausia no tiene nada que ver ni con la sexualidad ni con el deseo. La menopausia forma parte del ciclo vital y la sexualidad y el deseo cubren toda la vida de la mujer.

Un cambio que es evaluado por un elevado número de participantes en el contexto del resto de los desarrollos evolutivos del ciclo vital.

Así vemos que el 43,71% de ellas hace afirmaciones que desdramatizan los cambios que pueden haberse producido en su sexualidad y en su narración rompen la lógica tradicional que vincula inexcusable y negativamente menopausia con sexualidad. Estas mujeres entienden el ciclo vital como cambio y transformación, y evalúan las variaciones que pueden

CONTINUIDAD POCOS CAMBIOS	Jóvenes %	Medianas %	Mayores %	Total %
No he notado cambios, mismo deseo	21,43	20,97	38,71	25,19
No hay relación entre menopausia y sexualidad. No impide deseo	11,90	8,06	16,13	11,11
Otra etapa ciclo vital, continuidad evolutiva en la sexualidad	7,14	9,68	3,23	7,41
Total	40,48	38,71	58,06	43,71

detectar en su cuerpo y en su vida sexual en el contexto del ciclo del desarrollo vital.

Tengo ganas de sexo y disfruto haciéndolo igual que antes. Mis fantasías sexuales son las de siempre.

Una de cada cuatro informantes no ha percibido cambios destacables en su deseo, y para ellas no hay relación causa-efecto entre menopausia y sexualidad. En cualquier caso, las diferencias que puedan haber vivido las enmarcan en el ritmo de las transformaciones que experimentamos todos los seres humanos en el transcurrir de la vida. No se percibe incompatibilidad entre menopausia y deseo, considerando que ésta no lo inhibe.

No he notado que la menopausia disminuya mi deseo y mi alegría sexual.

Se produce, sin embargo, una evolución natural de la sexualidad y el deseo, de acuerdo con su carácter de coyuntura vital que cambia al igual que otros tantos aspectos de nuestra existencia y que no se considera forzosamente asociado de forma negativa a la menopausia. Las mujeres que llevan más años en la menopausia son las que más claro tienen esto (58,06%), frente al 40,48% y el 38,71% de las mujeres de los grupos más joven y mediano. Aspecto que viene a destacar la consideración de la sexualidad como parte de un *continuum* en el ciclo vital y a desmentir la condición «asexual» de las mujeres mayores.

La transformación de la pasión: cuerpo y emoción

Algunas mujeres en este momento ponen en valor una sexualidad más afectiva, en la que los componentes emocionales adquieren una cotización mayor que el arrebato pasional de otros tiempos. Hay un acuerdo bastante amplio que reconoce que se da una transformación de la pasión, como si finalmente llegáramos a la sexualidad que siempre hemos considerado «ideal» para nosotras: aquella en la que se combina pasión, emoción y cuidado, en la que los preámbulos, incluso los que no tienen una meta precisa, sino que buscan el estricto placer anímico y corporal que proporciona el «encuentro» con la otra persona —cuerpo y emoción— y con una misma, adquieren una entidad fundamental.

El deseo cambia, pero no cesa. Es más selectivo, más hedonista, menos a borbotones y más como un río. Es más tuyo, más humano y más ligado a ti misma. Me siento menos esclavizada por él.

En total, más de la mitad de las participantes (56,30%) reconoce un enriquecimiento de la sexualidad que se vive ahora

DELEITE SEXUAL Y ESPACIOS DE EROTISMO	Jóvenes %	Medianas %	Mayores %	Total %
Sexualidad más rica, madura, espontánea	28,57	12,90	22,58	20,00
Más tranquilidad, sin prisas, juguetona	14,29	6,45	9,68	9,63
Más felicidad, placer, deseo, disfrute	7,14	4,84	6,45	5,93
Sexualidad más libre No miedo al embarazo	23,81	14,51	29,03	20,74
Total	**73,81**	**38,70**	**67,74**	**56,30**

de manera más madura y equilibrada, como una experiencia personal, propia.

Mi sexualidad se ha enriquecido con los años y la experiencia.

Las mejoras que se constatan informan de una vivencia de la sexualidad en la que se produce una toma de posesión del cuerpo y del deseo personal, al estar menos pendiente de las urgencias del deseo del otro y atreverse a hacerse cargo del propio deseo, a mostrarlo y vivirlo de manera más espontánea y natural, con menos prejuicios.

Tengo la sensación de haber recuperado mi cuerpo para mí... como si antes fuera para ellos.

Con más experiencia y menos prejuicios, se facilita el disfrute.

Como hemos visto anteriormente, para muchas mujeres saber que no se van a quedar embarazadas supone un alivio colosal que permite dedicarse a explorar y vivir el deseo con una libertad y tranquilidad anteriormente impensables. Aunque la literatura oficial sugiere que hay quien puede sentirse mal por la pérdida de la fertilidad, lo cierto es que no he encontrado ni una sola referencia al tema en las narraciones de las participantes.

Cuando la «virtud» femenina se conseguía por el miedo al embarazo, la menopausia sólo podría verse como una toma de posesión del propio cuerpo y de los propios deseos.

Todo ello requiere libertad y ésta se identifica como otro de los elementos clave de la sexualidad en la menopausia. Entiendo que ésta permite que se produzcan una gran parte de las mejoras observadas a partir de la menopausia. Una de cada cuatro mujeres habla de la libertad con que se puede vivir la sexualidad, como una de las mejoras a destacar en este periodo. Ahora no podemos quedarnos embarazadas y, por lo tanto, podemos despreocuparnos de un tema que ha inquietado de diferente manera a las mujeres, en función del desarrollo de los métodos anticonceptivos en el momento de su etapa fértil. Son las mayores las que más hincapié hacen en señalar que esta liberación tiene su origen en la desaparición del miedo al embarazo, aspecto menos relevante para las mujeres que tienen menos edad, para quienes el sentimiento de libertad viene promovido por el hecho de no tener que utilizar anticonceptivos; para ellas, pues, la menopausia permite una práctica de la relación sexual más cómoda.

El deseo no cambia, pero su satisfacción se hace más libre, menos condicionada por sus posibles consecuencias. Soy una mujer mayor-mayor que viví la angustia constante de los embarazos fortuitos, teniendo que elegir entre diversas técnicas anticonceptivas que no eran ni seguras ni agradables.

Ya no hay preocupación por la efectividad de los métodos, sino que se identifica una sensación de bienestar por librarse de las incomodidades y problemas derivados de la utilización de los diferentes métodos anticonceptivos. Esto se puede leer como una señal de los diferentes contextos sociales y culturales en que se mueven las mujeres de diferentes edades, un signo del cambio de los tiempos y la complejidad de las coyunturas personales.

Cerramos la fábrica y abrimos el parque de diversiones

Un discurso amplio y plural sobre las libertades adquiridas atraviesa las distintas narraciones. En este periodo disponemos de mayor libertad para ser, para mostrarnos, para manifestar los deseos, enfatizando la nueva situación que ahora ocupamos en el mundo y que se deriva de la caída del velo de las hormonas. También aparece un discurso de lo más revelador que, desde distintas posiciones, señala que ahora se disfruta de una libertad manifiesta que proviene del hecho de no sentirse objeto de deseo y de cacería, depositaria de la mirada del otro. A partir de ello, el proceso de toma de posesión del cuerpo y la autoestima van adelante. Germaine Greer temía que no supiéramos disfrutar de los aspectos positivos que se derivan del hecho de no despertar interés en nuestros compañeros y que, en consecuencia, nuestra autoimagen se viera afectada.

Un día, en una valiente autoafirmación, me dije que dejaba de ser objeto sexual. Fue una determinación profunda que condicionó mi estar en la vida. Me dejé el pelo blanco (¡aunque con estilo!) y sólo me preocupé de cómo yo me sentía y veía bien. Y ¡oh sorpresa! también mi entorno me ve mejor.

183

Ya no soy un objeto sexual: me hace sentir más libre.

Sin embargo, otra libertad nace de los cambios experimentados en el deseo sexual que nos abre a una nueva independencia emocional y nos permite sentirnos menos envueltas en la vorágine de la pasión y la búsqueda del encuentro sexual; menos esclavizadas por el deseo, más dueñas de nuestros cuerpos y vidas.

He realizado el duelo de mi pérdida de libido y, actualmente, veo también sus aspectos positivos: no estoy a merced de nadie, porque es difícil que me enganche sexualmente, con lo que gano independencia.

Siento que puedo vivir sin dependencias emocionales. Me siento menos «doméstica».

Una relación más calmada...

Numerosos estudios muestran que a partir de la menopausia se producen cambios en el deseo sexual y en la frecuencia de actividad; sin embargo, éstos no se corresponden forzosa y exclusivamente con los cambios hormonales, sino que interactúan con otros factores psicológicos y sociales, como el estado de salud, la actividad sexual anterior, la disponibilidad de una pareja y las circunstancias afectivo-emocionales y sociales en que nos encontramos. También otros elementos predicen una disminución en la actividad, como la edad y el funcionamiento de la pareja masculina o la duración de la relación. A medida que nos hacemos mayores, hombres y mujeres disponemos de menos compañeros sexuales —a menudo carecemos de ellos— y la frecuencia de las relaciones disminuye, también a consecuencia de los efectos biológicos y sociales del envejecer. Esto nos afecta más a nosotras que a ellos, incluso cuando disponemos de una pareja estable.

Se señala, con insistencia, la incidencia de los estrógenos en el funcionamiento y en el deseo sexual; sin embargo, las investigaciones no demuestran una relación directa entre estrógeno y deseo. A pesar de la evidencia de que sólo una pequeña parte de las mujeres sufre una disminución en la actividad sexual en la menopausia, se continúa afirmando que el descenso de los estrógenos necesariamente origina un descenso de la actividad sexual en las mujeres posmenopáusicas.

Cotejado con mis amigas, yo diría que el motor hormonal que nos empuja a ver mirlos donde no los hay ya no está. Sin embargo, no desaparece la capacidad sexual si la ocasión es propicia e incluso mejora la capacidad orgásmica.

Aunque el deseo disminuye, muchas mujeres celebran el deseo sexual «más calmado» que viven en la menopausia e incluyen en la descripción de su vivencia placeres que se evalúan positivamente —más allá de la estricta genitalidad—, como los abrazos, los besos y las caricias; valoran la posibilidad de disponer ahora de una relación más cercana y, en algunos casos, haber conseguido la autolegitimación y consecuente práctica más activa y frecuente de la masturbación.[5]

Quizás ya no me atrae la batalla, pero sí la estrategia y la negociación para seducir.

5. Winterich, Julie A., *op. cit.*

La libertad de la que ahora disponemos permite un ritmo sexual que se evalúa como más satisfactorio. Cambia la puesta en práctica de la sexualidad, que se vuelve más tranquila, menos inhibida: ahora se le puede dedicar más tiempo, por lo que resulta más hedonista y juguetona.

El deseo está ahí cuando merece la pena y se puede trabajar para disfrutar del proceso casi tanto como siempre, pero... ¡juventud, divino tesoro!

La intensidad sexual se ralentiza. Este aspecto se percibe como un cambio positivo en algunos casos, aunque en otros se puede experimentar con pánico, temiendo que este nuevo ritmo más pausado sea una señal inequívoca de que se inicia «el principio del fin», sin valorar el posible significado coyuntural que este cambio en la intensidad y el ritmo sexual puede tener en un momento en que tanto la mujer como su pareja pueden estar viviendo otras transformaciones, o transitar travesías personales que ocupan su mente y su cuerpo, y en las que la sexualidad se apacigua, sabiamente, a la espera de tiempos mejores.

Algunas mujeres afirman sentirse más felices en este momento en el que son capaces de disfrutar más, de desear más.

La sexualidad y el deseo maduro, sin urgencias, más libre. Más capacidad para ilusionarme por otro cuerpo desde mi libertad.

Todo ello va en la misma dirección de otros hallazgos de este trabajo que indican que «no hay una sola menopausia». Me parece interesante comparar las razones de las más jóvenes y las de las más experimentadas. Las primeras destacan: la libertad, la tranquilidad y la toma de posesión del deseo propio y las mayores señalan: la liberación del temor al embarazo, la sexualidad más madura, satisfactoria y propia, y también la libertad. Ambas, pues, se sienten más libres y tranquilas —aunque sea por motivos diferentes— y consiguen una vivencia de la sexualidad más madura, tranquila y propia.

... y nuevas prácticas

En este proceso de mejora de la sexualidad se identifica un cambio en algunas prácticas de manifestación de la sexualidad en la edad mayor.

Mi deseo es más selectivo. Me siento deseando cosas que antes no me hubiera atrevido ni a imaginar y tengo más independencia.

NUEVAS PRÁCTICAS	Jóvenes %	Medianas %	Mayores %	Total %
Nuevos placeres. Más masturbación, más deseos lesbianos	7,14	1,61	3,23	3,70
Más caricias, ternura cariño, conocimiento	11,90	8,06	3,23	8,15
Total	19,05	9,68	6,45	11,85

Una asignatura pendiente en la vida sexual de las mujeres de todas las edades trata del autoerotismo, que no constituye una práctica suficientemente instalada en la resolución cotidiana del deseo y que, realizada en solitario o en compañía, puede convertirse en un recurso interesante a tener en cuenta en la edad mayor. En su contra se sitúan los fuertes prejuicios religiosos y culturales, que han cortado de raíz nuestras escaramuzas masturbadoras cuando éramos niñas y adolescentes y, sobre todo, la falta de invitación al autoconocimiento sexual que caracteriza la educación de las niñas. Si a ello sumamos el hecho social de que las mujeres evitamos hablar de este tema, comprenderemos que no es fácil darle carta de naturaleza a la masturbación femenina y menos cuando hablamos de mujeres mayores, cuya educación ha sido notablemente represiva. Se enfatizan poco los efectos benefactores del autoerotismo, como espacio de intimidad personal, como elemento de ayuda para afrontar el estrés, para liberar tensiones, como placer y margen para la fantasía y el capricho y, sobre todo, como garantía de continuidad en la actividad sexual a lo largo del tiempo, cuando otras posibilidades de intercambio sexual se desvanecen o no están coyunturalmente al alcance. ¡Si consiguiéramos legitimar dentro de nosotras esta práctica, sin duda el consumo de ansiolíticos disminuiría![6]

Los pocos estudios de los que se dispone al respecto indican que la masturbación es una práctica a la que recurren numerosas mujeres. A pesar del tabú que la envuelve y de su falta de legitimación social, un tercio de las mujeres mayores de 70 años y el 50% de las mujeres de más de 50 años que viven solas la practican, hasta alcanzar el orgasmo.[7] Como hemos dicho, hablamos poco de este tema y de hecho en los relatos de las participantes sólo en algunos casos, muy pocos, se pue-

6. Freixas Farré, Anna (2006a), *Demà més. Dones, vides i temps*, Barcelona, Institut Català de les Dones; Freixas Farré, Anna (2006b), «La sexualidad: un géiser de felicidad a todas las edades», *Mujeres y Salud*, nº 19, págs. 38-39.
7. Vasquez-Bronfman, Ana (2006), *Amor y sexualidad en las personas mayores. Transgresiones y secretos*, Barcelona, Gedisa.

de intuir una renegociación de los propios deseos, con la consiguiente apertura a nuevas fuentes de placer de tipo personal, entre las que se incluyen el autoerotismo o el reconocimiento de los deseos lesbianos.

> Practico más que antes el autoerotismo y en la pareja la masturbación recíproca y en mis fantasías sexuales aparecen con más frecuencia que antes las mujeres.

También puede ser el momento de intentar romper las rutinas de práctica sexual que constituyen marcos bastante fijos de aprendizaje y actuación, en los que nos desenvolvemos al cabo de los años, en las relaciones de larga duración.

> La menopausia produce una disminución del deseo sexual, pero se puede mantener una sexualidad no coitocéntrica placentera.

Prácticas renovadas en las que se busca un nuevo placer, para lo cual se ponen en juego nuevas formas de contacto e intimidad sexual con más caricias, menos penetración, más cariño; nuevas prácticas que son identificadas especialmente por las mujeres más jóvenes y que incluyen una interacción sexual más delicada y atenta, en la que prima el afecto y sus manifestaciones, frente al ardor y el apresuramiento de tiempos más jóvenes.

> La sexualidad es menos activa y el deseo también, pero si se compensa con cariño, caricias, etc., se lleva bien.

El deseo disipado

A partir de la menopausia, prácticamente el 50% de las participantes detecta cambios en su sexualidad que son evaluados como pérdidas, más o menos negativas. Las mujeres de todas las edades afirman que su vida sexual ha empeorado claramente en términos del deseo que sienten ahora, incluyendo las que lo han perdido por completo y las que acusan un bajón muy importante (más fuerte en las más jóvenes, mucho menos evidente en las más mayores).

> He dejado la relación sexual con mi compañero —un ángel— y no siento ninguna atracción sexual consciente por hombre alguno.

El 25,93% de las informantes confirma un claro empeoramiento en su vida sexual. Entre ellas, el 7,41% —un número no muy elevado, pero suficiente para ser considerado— afirma que en su caso se ha producido la pérdida completa del interés por la sexualidad. Las participantes que llevan entre 4 y 10 años en la menopausia son las que más acusan esta pérdida total del interés y deseo sexual (11,29%).

DISMINUYE EL DESEO	Jóvenes %	Medianas %	Mayores %	Total %
Menos deseo, empeora la libido, se disipa	33,33	27,42	12,90	25,93
Ningún deseo, sexualidad dormida	4,76	11,29	3,23	7,41
Total	**38,10**	**38,71**	**16,13**	**33,33**

Los libros hablan de «inapetencia». Yo soy de libro, en este aspecto.

He perdido el deseo sexual. Lo he vivido como una liberación y como independencia y no ha supuesto un problema de pareja, ya que él también envejece.

Las más jóvenes se quejan fundamentalmente del bajón en su interés personal por el tema (33,33%) —que posteriormente veremos argumentado a través de determinadas coyunturas personales, entre las que el estrés y el cansancio tienen mucho que ver—. Este descenso en la tensión pasional también es detectado por las medianas (27,42%). Sin embargo, este hecho tiene sus matices y parece que cuanto más reciente es la menopausia mayor es la percepción de la disminución en el deseo, tal vez al tener más presente las pautas y rutinas de sexualidad de los tiempos más jóvenes.

EMPEORA RELATIVAMENTE CAMBIA RITMO E INTENSIDAD	Jóvenes %	Medianas %	Mayores %	Total %
Disminuye, pero no desaparece. Menos deseo pero no disminuye satisfacción	19,05	6,46	3,23	9,63
Menos espontaneidad, menor frecuencia	26,19	11,29	0,00	13,34
Total	**45,24**	**17,75**	**3,23**	**22,57**

Las participantes aportan ángulos interesantes que ayudan a comprender la vivencia afectivosexual en esta etapa de la vida. Se reconoce que hay una disminución en el deseo, pero que éste no desaparece, sino que se manifiesta de manera diferente, especialmente en lo que al ritmo se refiere.

191

La mejor comunicación y conocimiento, unido al cariño y la confianza, hacen de estos momentos, indiscutiblemente menos frecuentes, algo fantástico.

La sexualidad tiene un menor protagonismo y ocupa menos espacio en la vida de algunas mujeres, pasa a un segundo plano, se espacia y la necesidad es menos perentoria. Ahora se busca el momento adecuado y se trata con más delicadeza, se cuida más. Es más escaso. Así pues, hay cambio, un cambio que implica una disminución en el deseo y por lo tanto en la frecuencia de interacción sexual; hay una menor necesidad, se dan menos encuentros, es decir, se transforma el ritmo de los años jóvenes.

Se manifestó una pérdida paulatina de interés por el sexo y la sexualidad. Con el tiempo recuperé otras formas de sentir y desear, con placeres diferentes y hasta novedosos.

De acuerdo con estas informaciones se podría pensar que quizás el bajón pasional que se siente al principio de la menopausia se recupera con el tiempo. Ésta podría ser una hipótesis a comprobar. Es un dato curioso, interesante y esperanzador. Si esto es así, sabemos que podemos pasar por una travesía del desierto, que no es, sin embargo, una condena. Podemos salir de ella, en caso de que lo deseemos y que las diosas pongan en nuestro camino un buen objeto de deseo. Una mujer o un hombre que reavive los rescoldos del deseo, o al menos nos anime a nosotras mismas.

Pero... coinciden otras circunstancias

La experiencia sexual, como vivencia personal e interactiva, se reconoce afectada también por factores internos y externos que no se relacionan directamente con la menopausia. Algunas mujeres van más allá de la asociación fácil e inmediata entre menopausia, sexualidad y deseo y miran alrededor y también dentro de sí, para tratar de identificar los elementos y coyunturas que inciden en su experiencia sexual en este momento de la vida.

Hace ya más de cincuenta años, Alfred Kinsey[8] afirmaba que el descenso en la actividad sexual de una pareja no se debe a la menopausia femenina sino, fundamentalmente, a la progresiva disminución de la capacidad sexual del varón. Con frecuencia las mujeres atribuyen los cambios que sufren en su sexualidad en el tiempo de la menopausia a causas que tienen que ver con la falta de sensibilidad o la escasa habilidad de su pareja. Los estudios sobre el tema identifican algunos elementos de gran calado en la práctica y la emoción sexual en la edad mayor: por ejemplo, que el compañero sea capaz de ofrecer un soporte emocional y afectivo ajustado a las necesidades, o la incidencia de diversas drogadicciones —entre las que el alcohol en nuestra sociedad se lleva la palma— en la relación afectivosexual, así como las interferencias ocasionadas por los problemas psicológicos.[9]

Una de cada cuatro mujeres no aduce la menopausia cuando trata de comprender los cambios negativos que se han da-

8. Kinsey, Alfred C.; Pomeroy, Wardell B.; Martin, Clyde E. y Gebhard, Paul H. (1953-1967), *Conducta sexual de la mujer*, tomos I y II, Buenos Aires, Ediciones Siglo Veinte.

9. Gannon, Linda (1998), «The Impact of Medical and Sexual Politics on Women's Health», *Feminism & Psychology*, vol. 8, n° 3, págs. 285-302.

PERO... COINCIDEN OTRAS CIRCUNSTANCIAS	Jóvenes %	Medianas %	Mayores %	Total %
Tiene que ver con la pareja Rutina, desgaste del largo matrimonio, historia sexual anterior. La pareja también cumple años	38,10	19,35	16,13	24,44
Son asuntos personales Cansancio. Mala salud	38,10	12,90	11,91	20,73

do en su sexualidad en este momento de la vida. No intentan situar la explicación en las consecuencias de los cambios hormonales sobre el deseo, sino que reconocen el carácter interactivo de la vivencia sexual y hacia esta condición se dirigen las argumentaciones. Algunas sitúan el problema en la calidad de la relación de pareja —e incluso en el hecho de no tenerla—, mientras que otras identifican en sí mismas el origen —físico o psicológico— de la disipación de su deseo y práctica sexual.

No ha sido la menopausia la que me ha impedido tener una sexualidad más plena. Los impedimentos han sido psicológicos y ésos han sido más arduos de superar, pero cuando uno va descubriendo caminos de estímulos nuevos y no tiene prejuicios el deseo aparece.

Algunas mujeres que llegan a la mediana edad con relaciones de larga duración —generalmente monógamas— consideran que el tiempo afecta a la pasión, el deseo y la ilusión de sus encuentros sexuales. Con los años puede producirse un desgaste en la convivencia, especialmente cuando se institucionalizan determinadas rutinas y formas de encuentro que contribuyen a que la chispa de la pasión vaya apagándose. Algo normal, por otra parte.

Creo que para el deseo, peor que la menopausia es el estrés provocado por el exceso de trabajo y la rutina asociada a tener la misma pareja desde hace más de treinta años.

La pérdida del deseo sexual no guarda relación con la menopausia, sino con el desgaste de la convivencia de la pareja.

En la misma línea se encuentran los discursos que hacen hincapié en la importancia que tiene en el desgaste sexual el mayor o menor dominio de las artes amatorias por parte de la pareja y señalan la necesidad de que se dé una buena comunicación personal y afectiva para que fluya la sexualidad, a pesar de los años de encuentro.

Creo que es importante tener una pareja que ofrezca soporte moral.

En todo ello no resulta ajena la historia sexual previa, los aciertos y errores que se han ido cometiendo durante los años anteriores, que se constituyen en muros para poder vivir con naturalidad la relación afectiva y sexual. A este espacio afectivo se otorga un papel crucial cuando se reclama el apoyo emocional y moral de la pareja, como elemento facilitador del interés sexual a lo largo del tiempo.

Por otra parte, la pareja también «cumple años» y en el tema de la sexualidad esta realidad suele tener una mayor incidencia negativa en la práctica sexual de los varones. Las mujeres «cumplen años», por supuesto, pero en lo que respecta a sus habilidades prácticas y sus capacidades orgásmicas, siguen «tan frescas», especialmente en el caso de aquellas que en sus años jóvenes han vivido vidas sexuales activas y satisfactorias.

Sí, he notado sequedad y menos deseo, pero también mi pareja tiene menos deseo y no está menopáusico.

Nuestras informantes acusan un cambio negativo en lo que se refiere a los «resultados» clásicos de la práctica sexual —en términos de erección y orgasmo—. Este aspecto no cuenta para las mayores, que probablemente han evolucionado hacia una sexualidad más complaciente, alegre y menos finalista. Hacia una nueva sensualidad.

Tenemos menos relaciones sexuales, pero mantenemos el acercamiento físico, nos tocamos de un modo más cariñoso.

Algunos aspectos más personales, como el cansancio, el estrés y el exceso de trabajo e incluso la falta de salud se consideran elementos disuasorios en la actividad sexual o al menos se reconoce que afectan a esta esfera vital, más allá de la mera explicación circunscrita a la situación hormonal; aunque no es menos cierto que los sofocos y la sequedad vaginal también pueden influir coyuntural y negativamente, según su experiencia. Hay, también, una pérdida de interés por la actividad sexual, hasta tal punto que hay quien afirma que a veces tiene que «proponérsela» con el fin de evitar que se extinga por completo este espacio de comunicación.

También encontramos algunas explicaciones interesantes que identifican determinados procesos personales de carácter psicológico, ideológico y vital que tienen que ver con los límites con que algunas mujeres se plantean la vivencia de la sexualidad a partir de la menopausia y que actúan a modo de autocensura o distanciamiento de esta necesidad.

La sexualidad actual

Me parece interesante encontrar afirmaciones, aunque sean muy escasas, que abren la puerta a la comprensión de nuestro ser mujer en la que la sexualidad se plantea más allá de la genitalidad y la edad.

Estoy apta para complacerme y dar placer.

Puede darse una transformación del objeto de deseo y el reconocimiento del atractivo que otras mujeres ejercen sobre nuestra sensualidad —y de hecho algunas mujeres se dan permiso para reconocerlo, cuando esta posibilidad aparece en su espacio emocional—. Lo cierto es que muy pocas mujeres lo consignan, aunque algunos relatos indican que, a pesar de estar inmersas en una tradición heterosexual, han sentido deseos lesbianos o la curiosidad de explorar nuevos espacios de deleite sexual. Otra cosa es que los hayan puesto en práctica o hayan buscado la manera de satisfacer tales deseos.

Las posibles variaciones en mis deseos sexuales no estuvieron relacionadas con la menopausia sino con la falta de estímulos suficientemente atractivos para enardecer mis deseos y el permiso interno para acceder a otras fuentes de placer sexual.

Por otra parte, aunque los sueños eróticos no están reservados a la juventud y se tienen a todas las edades, a partir de la menopausia la construcción patriarcal de la sexualidad sitúa a las mujeres en los márgenes de una sociedad que las define como asexuales, carentes de todo encanto y atractivo, sin necesidades pasionales, etc., lo cual dificulta claramente el asunto. Supone una limitación, tanto para que las mujeres mayores «se atrevan» a mostrar sus deseos y poner los medios para llevarlos a la práctica, como para que se sientan «autorizadas» por la sociedad para hacerlo.

Yo, sinceramente, preferiría continuar siendo objeto de deseo (naturalmente sujeto de deseo sigo siéndolo) y no percibir que «en el mercado del sexo» una *chica* de mi edad está absolutamente devaluada (excepto por quien tenga unos quince años más que yo...).

El doble estándar del envejecimiento sigue marcando la falta de poder social de las mujeres mayores, en términos de sexualidad y pasión, con la consiguiente ausencia de oportunidades, tanto sociales como personales, para conseguir validar su sexualidad en la edad mayor.

La posible «falta de ejercicio» sexual se debe a falta de oportunidades sociales.

Además, se reconoce que el diseño cultural del atractivo mella la confianza de las mujeres en su capacidad de seducción y nos pone en un lugar de menor poder efectivo en este terreno.

El hecho de sentir que raramente eres deseada por otras personas a mí me influye en sentirme menos exuberante, activa sexualmente, seductora.

Y, lo que es más importante, nos sitúa en una posición devaluada en las relaciones de poder que están en juego en los diferentes entornos de influencia personal y profesional.

> Disminuye el poder «contractual», incluso en las relaciones con tu pareja.

Sin sexo

Por deseo personal o por coyuntura obligada, un buen número de mujeres viven sin mantener prácticas de sexualidad en la edad mayor. Dejar de tener relaciones sexuales puede ser, también, una opción válida de sexualidad, a la que se le puede otorgar un valor análogo al del deseo o la búsqueda sexual activa. Una opción perfectamente legítima, cuando proviene del deseo personal y no del desencanto o la ignorancia, del miedo o la vergüenza.

Algunas mujeres han vivido vidas sexuales muy poco gratificantes, así que la menopausia se presenta como una oportunidad para prescindir de esta parcela de su vida que, en realidad, les ha proporcionado escasas alegrías y más de un disgusto. Han gozado poco, nunca han explorado su cuerpo con placer y tranquilidad, tampoco se han atrevido a iniciar o sugerir de acuerdo con sus deseos. Por otra parte, las dificultades en la relación, la falta de salud, un pasado en el que se han vivido abusos por parte de la pareja, son algunas de las razones que pueden llevar a determinadas mujeres a tomar esta decisión. El sexo, en su caso, era un mandato; la menopausia se presenta como la liberación.

> He aprendido a tener otra relación con el sexo, no sexo carnal. En este momento no tengo ningunas ganas de sexo. Mis

intereses están en otras cosas: estar tranquila, tener tiempo para mí, tener relación de amistad y compañía con mi pareja, disfrutar de la naturaleza.

Otras optan por prescindir de esta dimensión en sus vidas, desde otro ámbito de libertad individual: evalúan los pros y los contras de lo que supone mantener abierta esta ventanilla y deciden que, en la medida en que no les salen las cuentas, les conviene cerrarla. Al menos temporalmente.

Es como si mi libido hubiera pasado a un segundo plano. Me divorcié y no tengo pareja estable, pero no tengo ningún deseo de tenerla.

El cerebro es un potente órgano sexual que nos puede permitir vivir la sexualidad de diversas formas, más allá de la conocida genitalidad. Hay mujeres que han decidido dirigir su energía sexual hacia otros espacios de expresión, hacia otros proyectos y personas y han conseguido tener una relación diferente con la sexualidad. Sin sufrimiento, como un devenir natural en la relación personal e interpersonal.

Tengo mi *eros* puesto en diversas personas y proyectos: trabajar menos, tomarme la vida de otra manera, disfrutar de las amigas, dibujar, dedicarme más al feminismo.

Reemplacé el erotismo por el deseo de comer y me convertí en una cocinera bastante buena. El sexo por el comer.

Otras actividades de contacto interpersonal y afectivo resultan también placenteras.

Muchas mujeres mayores se niegan a establecer relaciones sexuales con hombres viejos. Lo hacen mostrando su autonomía e independencia emocional y sexual, como respuesta a los condicionantes con que nos encontramos las mujeres, derivados de una sociedad que desde la mediana edad estigmatiza el cuerpo femenino, etiquetándolo de «no deseable». Tienen todo el derecho.

Uno de los secretos mejor guardados

Llama la atención el hecho de que son las mujeres que más años llevan en la menopausia quienes manifiestan una mejora más clara en su vida sexual. La sexualidad de las mayores es uno de los secretos mejor guardados. Históricamente, a la investigación no le ha interesado demasiado entrar a fondo en este tema, como prueba fehaciente del edadismo investigador que nos rodea. A esta sociedad no le interesa la vida de las mujeres mayores, de las ancianas, y menos aún conocer cómo se lo montan en la cama.

Llama la atención que sean las mayores quienes menos cambios detectan en su sexualidad, de lo que se deduce que siguen en activo, constatando que a lo largo del tiempo se tiene un deseo similar y desmitificando la relación directa entre menopausia y asexualidad. Son precisamente ellas quienes destacan el valor que aporta a la vivencia de la sexualidad la imaginación, la fantasía, la búsqueda de nuevos placeres, como antídoto contra la rutina y la monotonía de la sexualidad mantenida con una misma pareja a lo largo de tantos años. Quizá por eso, detectan más mejoras con el paso del tiempo: se sienten con mayor espontaneidad, especialmente cuando han conseguido superar las ideas conservadoras que constreñían su disfrute. Ahora se deleitan en una sexualidad más tranquila, más pausada, menos compulsiva, más hedonista y, sobre todo, más libre. Al perder el miedo al embarazo, pueden ser más atrevidas, más picaronas y tener relaciones desde su libertad.

Mi sexualidad ha mejorado a partir de las rupturas que he hecho con enseñanzas conservadoras que me inhibían de disfrutar.

Pues sí, la edad parece que, afortunadamente, no nos aleja del deseo, del placer, del disfrute de nuestro cuerpo, de nuestro significado personal. Nos vuelve más tranquilas, más sabias, más calmas, sí. Y ello nos permite disponer, a más edad, de menos drama y más encuentro con nosotras mismas.

13

Otra menopausia es posible

> La aportación particular de cada libertad es necesaria para la liberación colectiva.
>
> FRANÇOISE COLLIN[1]

Somos muchas las mujeres menopáusicas y posmenopáusicas y vivimos en bastante buen estado nuestras vidas de mayores. Mujeres mayores hoy, que en nuestra juventud nos creímos a pies juntillas la atribución reproductiva como nuestra principal meta en la vida, que disponemos de cierto nivel educativo y que, en un buen número, nos hemos incorporado al mercado laboral, con eficiencia y decisión. Mujeres que, sin embargo, no nos hemos librado de la doble y triple jornada y las llevamos en nuestros cuerpos, dado que la capacidad de negociación con nuestras parejas heterosexuales no ha sido nuestro fuerte.

Por regla general, llegamos a la menopausia poco o mal informadas, especialmente quienes pertenecen a generaciones con menos oportunidades educativas y en las que la mujer tenía un único y definitivo valor: el reproductivo. A ellas les tocó vivir la menopausia como una dura prueba, por la subsiguiente pérdida de cotización social y afectiva. La transición menopáusica suponía, por decreto, que las mujeres perdían to-

---

1. Collin, Françoise (2006), *Praxis de la diferencia. Liberación y libertad*, Barcelona, Icaria.

dos los componentes de la feminidad y, con ellos, dejaban de ser bellas, atractivas y sexualmente elegibles.

Reaprender a vivir. Intentar darle la vuelta a un plan de vida que ya no está en función de proyectos familiares ni laborales, sino de aspectos personales.

Dice Betty Friedan que en un buen envejecer, tanto los hombres como las mujeres nos parecemos cada vez más a nosotros mismos. En este proceso de búsqueda personal, las estrategias que se han promovido desde el feminismo, para afrontar las diversas dificultades con que podemos encontrarnos, se mueven al margen de la farmacopea tradicional y tienen como objetivo favorecer una búsqueda interior. Tratan de propiciar las condiciones para que cada una mire dentro de sí y encuentre aquello que necesita, en su cuerpo o en su alma, para peregrinar hacia la vejez con elegancia y saber.

Muchas de las cosas que me han hecho feliz me han sucedido (he hecho que me sucedieran) después de la menopausia.

La necesidad de apreciar y valorar todo lo positivo que te da la edad: mejor situación económica, mayor tranquilidad profesional, menos necesidad de demostrar, etc.

Hay cambio, hay molestias, hay desconcierto e incomodidad, sí; en algunos casos más claramente que en otros. Pero no se hunde el mundo, sólo cambian algunas cosas y podemos afrontarlas, planteándonos estrategias no agresivas y en muchos casos opciones baratas y saludables, que nos permitan mirar de frente lo que nos ocurre. Podemos mejorar las incomodidades de acuerdo con nuestras necesidades particulares: nuestro cuerpo nos indicará qué le sienta bien. Por regla general, estas estrategias exigen la toma de posesión del ser individual de cada una de nosotras y la conciencia de que lo que nos ocurre se engloba en una vida concreta y que de poco valen las fórmulas mágicas.

Somos seres individuales, que habitamos en cuerpos que nos hablan. Muchas de las sabias estrategias que podemos poner en práctica son tan simples como concedernos un descanso adecuado, disfrutar de tiempo libre y prestar más atención y dedicación a la actividad física, entre otras. Comenta Germaine Greer que, en 1741, la poeta Mary Chandler rechazó una propuesta de matrimonio que le hicieron cuando tenía 54 años. Lo hizo en defensa de su feliz vida a solas. Para ella, la receta para disponer de una vida saludable y dichosa en la edad mayor era simple: libertad, tranquilidad y sol. Tres sencillas estrategias de gran valor, ciertamente.

Al no justificar los vaivenes en el estado del ánimo con la menopausia, he tenido que ahondar más en otros aspectos y razones que no están sometidas al oleaje hormonal, sino al puramente vivencial, relacional o íntimo.

Los libros sobre menopausia están llenos de recetas sobre cómo cuidarnos en este periodo. Fórmulas más o menos mágicas para transitar esos años sin demasiados problemas, aunque muchas de ellas no nos sirven porque no parten de nosotras, vienen de fuera, de demasiado lejos.

Sentimos, sabemos, intuimos que en este momento de la vida necesitamos elaborar estrategias que nos permitan compartir la experiencia física, psicológica, emocional y social de la menopausia con otras mujeres que se encuentran en situaciones similares y también plantearnos espacios de relación que eviten el aislamiento y la soledad. Ahora, tratamos de prestar más atención a las distintas formas de vida posibles y a los estilos de relación y contacto con otras personas significativas, que nos ofrezcan espacios de silencio, trufados con tiempos de comunicación e intimidad. En definitiva, asumir el control de nuestra vida de seres individuales en relación y tomar en serio nuestros cuerpos y nuestra salud.

Apreciar y buscar todas las circunstancias que te dan placer en el terreno de las sensaciones corporales, emocionales, interpersonales, culturales. No permitir que el deber marque casi toda mi vida.

El programa que nos ofrece la industria cosmética y el negocio farmacéutico consiste en «hacernos pasar» por jóvenes. Negarnos. Alegrarnos cuando nos dicen que no aparentamos nuestra edad. Todo ello puede parecer que nos ayuda a mantener nuestra identidad de mujeres jóvenes y atractivas y nos hace sentir seguras y aceptadas. Podemos creer que formamos parte del mundo, que seguimos siendo visibles y no somos excluidas y, por encima de todo, podemos imaginar que sorteamos el estigma de la vejez. Mal programa, la verdad, porque nos sitúa demasiado lejos de la realidad de nuestros cuerpos y de las necesidades de nuestras almas. Nos niega la posibilidad de disfrutar en un cuerpo que envejece, de construir un nuevo modelo de belleza y de ejercitar el poder de la práctica de la libertad disponible, para nosotras y para otras que mujeres mayores o más jóvenes vean a través nuestro un documental sobre la vida futura, suficientemente atractivo y relajante.

Si situáramos las experiencias menopáusicas dentro del curso natural del ciclo vital y de los acontecimientos que constituyen nuestra vida —incluyendo el estrés social que rodea las vidas de las mujeres en la mediana edad (pareja que también envejece, jubilación a la vista, criaturas y progenitores demandando)—, podríamos recurrir a estrategias saludables «de toda la vida» (dormir más, comer mejor, actividad física, ocio y divertimento), que mejorarían de manera clara nuestra vivencia cotidiana y nuestro cuerpo. Nos resultaría más fácil aceptar los cambios que en él podemos detectar y estar menos preocupadas por las señales que nos alarman.[2]

Recurramos a nuestras madres

> El viaje interior en busca de la sabiduría y la serenidad es tan largo... pero ninguna señal nos indica el camino.
>
> GERMAINE GREER[3]

Disponemos de pocos mapas de ruta para guiarnos en la comprensión de los profundos cambios que se producen a partir de la mediana edad y para acompañarnos en nuestro esfuerzo por comprender las preocupaciones, los intereses y las necesidades que tenemos en este momento de nuestra vida. En gran medida, hemos carecido de modelos atractivos de mujeres mayores a quienes nos pueda gustar parecernos en nuestro camino hacia la longevidad. También es cierto que, en determinados casos, las imágenes de que hemos dispuesto han sido potentes y nos han reconciliado con nuestros cuerpos fragmentados, tan necesitados a estas alturas.

2. Cousins, Sandra O'Brien y Edwards, Kerri (2002), «Alice in Menopauseland: The Jabberwocky of a Medicalized Middle Age», *Health Care for Women International*, vol. 23, n° 4, págs. 325-343.

3. Greer, Germaine (1991/1993), *El cambio. Mujeres, vejez y menopausia*, Barcelona, Anagrama.

No tengo malas imágenes sobre la vejez femenina. Desde niña tuve referentes de mujeres ancianas atractivas, e incluso más bellas que sus hijas, y no me molestaba parecerme a ellas.

A pesar de que hoy disponemos ya de algunas imágenes de mujeres mayores suficientemente interesantes y potentes para permitirnos pensar que nosotras también podemos envejecer con gracia y elegancia. Germaine Greer[4] dice:

> Necesitaba modelos para una mujer que debería aprender a desviar la atención desde su ego físico para centrarla en su alma, pero por más que lo intenté no logré recordar ni uno, así, de improviso.

Debemos echar una mirada a la genealogía, a la experiencia y la vivencia de nuestras mujeres más cercanas, madres y abuelas, que nos puede ofrecer un conocimiento de primera mano, para bien o para mal, para transitar esta experiencia con mayor control y tranquilidad. Modelos para ser. Buscamos en ellas información, conocimiento de causa, sabiéndonos parte de una cadena de significado profundo, que nos asegura una mirada menos airada sobre esta transición estigmatizada.

Modelos para «ser»:

Hablar con mi madre de su menopausia.

Me ayuda pensar que mi madre y muchas mujeres más también han pasado por lo mismo.

O para «no ser»:

4. Greer, Germaine, *op. cit.*, pág. 20.

Recordaba las terribles escenas de mi madre en la menopausia. Las discusiones, las escenas de rabia… Aquella situación me impactó tanto que me prometí que eso no se lo haría vivir ni a mi marido ni a mis hijas y traté de que mi comportamiento fuera lo más normal posible.

Otra menopausia es posible

Con más o menos información previa, lo cierto es que las mujeres de nuestro entorno están haciendo frente a la menopausia elaborando un conocimiento teórico-práctico que trata de contrarrestar las imágenes, teorías y premoniciones agoreras que nos han transmitido, a partir de la experiencia no dramática de un número muy importante de mujeres saludables.

Sentirme parte de un gran colectivo de mujeres que se opone al discurso social corriente de: «mujer menopáusica = enferma, vieja, minusválida, acabada, problemática».

También han elaborado una amplia gama de estrategias para afrontar la menopausia y sus comparsas, que van desde el recurso a la química más pura, a la más zen de las posiciones existenciales. Han cambiado su alimentación, su estilo de vida, sus relaciones, se han acercado a sus cuerpos y a sus mentes y han mostrado que otra menopausia es posible.

Una nueva menopausia a la que se llega desde la firme resolución personal de inventarla, porque de la misma manera que «no hay una sola menopausia», tampoco hay un conjunto de actuaciones uniforme y consensuado para hacerle frente. El relato de las diversas estrategias que las mujeres han puesto en marcha es amplio. Lo cual indica que se reconoce la necesidad de mantener una actitud activa, pero calma, ante los cambios hormonales, corporales y estructurales de la menopausia. Encontramos que nuestras informantes recurren a una diversidad de opciones que van de la química al espíritu, del humor al escepticismo:

Lo que más me ha ayudado ha sido tomarme este cambio con calma.

He usado muchas cosas, pocas efectivas.

Ingerir hormonas o pseudohormonas

El debate fundamental en la época en la que nos ha tocado vivir se ha centrado en la utilización o no de la terapia de reemplazo hormonal para aliviar los síntomas de la menopausia, que se ha convertido en la madre de todas las batallas. Hemos descrito ampliamente las dos posiciones claramente enfrentadas: por un lado, una parte de la clase médica y la industria farmacéutica y, por otro, las pensadoras y médicas feministas. En nuestro pequeño cosmos encontramos también estas dos posiciones: mujeres que han optado por la utilización de los tratamientos hormonales, con mayor o menor éxito, y quienes se han decantado por medicinas y tratamientos alternativos que he denominado «pseudohormonales», que han tenido un auge importante, especialmente, en los últimos años.

Opté por el tratamiento hormonal. Ha sido fantástico. Me ha mantenido «a tope» durante ocho años. Ahora lo añoro.

Intenté los parches y me perjudicaron, así que después de evaluar pros y contras, los dejé.

Con el fin de cuidar la salud y también para aliviar algunos de los asuntos que se presentan con la menopausia, cada vez más mujeres elaboran estrategias más o menos efectivas, que se sitúan al margen de la farmacopea tradicional. Se decantan por tratamientos alternativos que parten de la consideración del cuerpo como un ente sabio que es capaz de recuperarse de la mayor parte de las situaciones estresantes, si se le concede la oportunidad.

Desde hace ya algunos años se han ido haciendo sitio en el mercado diversos productos llamados «naturales» —aunque queda mucho por conocer al respecto— que se presentan como una ayuda frente a algunas de las incomodidades con que nos encontramos. Especialmente a partir del informe de la Women's Health Initiative (WHI), la industria farmacéutica, aprovechando el clima de inseguridad que rodea el tratamiento de reposición hormonal, ha desarrollado algunos productos alternativos que se suponen más seguros, por lo que hoy disponemos de un buen número de opciones de las que desconocemos, sin embargo, el alcance real de sus beneficios. Los estudios sobre los efectos de algunos de ellos, especialmente los fitoestrógenos —tipo soja e hinojo— son contradictorios; en algunos se afirma que estos alimentos mejoran ligeramente los sofocos y otros han documentado cambios en las células vaginales similares a las que produce el estrógeno sintético.[5] Son productos más o menos controvertidos en este momento y que habrá que utilizar con menos alegría y mayor evidencia científica, porque, una vez más, nos vemos engordando la industria de la menopausia.

Una buena parte de mujeres se decantan por un largo listado de opciones «no oficiales», que se presentan como espa-

---

5. The Boston Women's Health Book Collective (2006), *Our Bodies, Ourselves: Menopause*, Nueva York, Simon & Schuster.

cios para la experimentación personal, a la búsqueda de una transición menopáusica más armónica. Entre ellas encontramos de todo: la acupuntura, los remedios herbales, la homeopatía, los suplementos vitamínicos —vitaminas E y B6—, la aromaterapia, los masajes. Pero, sobre todo, se hace hincapié en la necesidad de efectuar determinados cambios en el estilo de vida: menos estrés, menos cafeína, menos tabaco y alcohol, más magnesio, menos sal; una alimentación más frugal, más ejercicio físico, más sexo —o los sustitutivos que al respecto nos hayamos inventado—. Todas ellas se plantean como un amplio abanico de posibilidades que nos pueden permitir asumir la responsabilidad de nuestra salud, en función de nuestras necesidades concretas.

La tendencia de la edad va en la misma dirección. Las más jóvenes en la experiencia menopáusica —que son las que se encuentran en pleno proceso y las que más sufren las posibles molestias— son quienes informan de un uso mayor de los diversos tratamientos y empiezan a mostrar una confianza progresiva en estos productos no convencionales. Buscan alivio, debatiéndose entre la fe en lo conocido (que, además, se presenta con la bendición de la «ciencia») y las promesas de lo presuntamente «natural», que se mira con más o menos confianza. Disponen de más información sobre la menopausia como proceso y conocen los debates y controversias actuales acerca de los riesgos y beneficios de los diferentes tratamientos. Hay desconcierto, hay duda, hay búsqueda.

ESTRATEGIAS	Jóvenes %	Medianas %	Mayores %	Total %
Tratamiento hormonal	26,19	20,97	16,13	21,48
Tratamiento pseudohormonal	28,57	16,13	6,45	17,78

212

Algunas de ellas parten de una posición claramente crítica respecto al gran negocio de la menopausia.

He pensado que la industria farmacéutica no se va a enriquecer conmigo.

O plantean una resistencia a la medicalización propuesta ante una menopausia precoz.

La solución que me daban era empastillarme para seguir menstruando... decidí que la naturaleza siguiera su curso.

Mover cuerpo y mente

Estar en forma es una de las mejores maneras de atravesar el climaterio y sus apéndices. Al margen del dilema «hormonas sí, hormonas no», hoy podemos imaginar y crear algunos recursos interesantes para afrontar las dificultades que se vinculan a la menopausia, que se reparten entre las orientadas al cuerpo y las que implican aspectos más psicológicos o emocionales.

Entre las estrategias elegidas por una tercera parte de las mujeres, hacer ejercicio físico es una de las opciones claras. La actividad física variada disminuye el riesgo de determinados problemas de salud y es uno de los elementos clave en el bienestar psicológico, a todas las edades. También, en la transición menopáusica supone un alivio para algunas de las quejas más frecuentes. Ciertos estudios indican que determinadas formas de ejercicio físico pueden mitigar los mismos síntomas para los que se prescriben las hormonas en la menopausia. Las personas que realizan una actividad regular son más proclives a tener buenos huesos y bajos triglicéridos en la sangre, por lo que tienen menor riesgo de sufrir una enfermedad cardiovascular u osteoporosis; además, mantienen a raya la tensión arterial y la artritis. La actividad proporciona una mejor musculatura, corrige la postura corporal y favorece el equilibrio, con lo que tenemos menos dolores y, sobre todo, disponemos de un cuerpo ágil, que puede tener una reacción más rápida ante una situación brusca e intempestiva, y una mayor flexibilidad y agilidad para prevenir las caídas.

El ejercicio físico constituye una estrategia imprescindible para controlar el peso. Amén de que nos ayuda a dormir y descansar mejor, nos pone de buen humor, reduce el estrés y los altibajos en el ánimo. Una vida físicamente activa en la mediana edad promueve nuestra salud física y mental. Al ayudarnos a conectar cuerpo y mente nos hace sentir con mayor energía, mejora nuestra imagen corporal y, de rebote, hace que nos gustemos más, lo cual beneficia nuestra autoestima. Todo ventajas. Además, una generación de mujeres mayores activas y en buen estado físico resulta bastante más barata al sistema de salud, aunque no al negocio farmacéutico, claro.

¿Qué más queremos? Semejante impacto en términos de salud sería razón suficiente para que en las consultas médicas se «recetara», estimulara y facilitara el acceso de las mujeres al deporte, a la actividad física; sin embargo, en las consultas no suele indagarse y trabajarse con insistencia este aspecto. Claro que venimos de una historia deportiva muy pobre. A las mujeres que hoy somos mayores no se nos educó en el placer del ejercicio físico, de manera que nuestra relación con los beneficios que proporcionan las endorfinas que producen el deporte y la actividad física ha sido muy escasa. A estas alturas nos resulta un poco difícil incorporarnos a un programa de participación en actividades físicas que nos produzcan placer; para algunas, nadar o ir en bicicleta supone un problema de aprendizajes previos, aunque en el imaginario las sientan como actividades placenteras. Ahora bien, ¿cómo aprenderlo cuando nos creemos ya mayores para ello? Afortunadamente, en algunos centros cívicos y asociaciones deportivas podemos encontrar la oportunidad de incorporarnos a ello.

EJERCICIO FÍSICO	Jóvenes %	Medianas %	Mayores %	Total %
Cuerpo	26,19	19,35	19,35	21,48
Cuerpo-mente	9,52	9,68	9,68	9,63
Total	**35,71**	**29,03**	**29,03**	**31,11**

Algunas mujeres han optado por actividades exclusiva y fundamentalmente físicas: ir al gimnasio, andar a buen ritmo, nadar, ir en bicicleta, hacer pesas —actividades que he denominado de «cuerpo», en tanto que incluyen lo que tradicionalmente hemos entendido por ejercicio físico— y otras han encontrado alivio en algunas modalidades de actividad física en las que lo mental desempeña un papel importante —que denomino de «cuerpo-mente»: como yoga, tai chi, chi kung, relajación, etc.—. Los componentes espirituales de éstas permiten una conjunción entre el cuerpo y la mente de gran poder de acercamiento personal, íntimo, en este momento crucial de la vida. Todas estas actividades nos exigen tiempo y esfuerzo mental para llevarlas a cabo, nos evitan dedicar nuestra energía a añorar el pasado y nos sitúan en una posición excelente para entrar en sintonía con nuestro yo actual.

Para el insomnio realizo diversas técnicas de relajación, sobre todo antes de dormir. No quiero acostumbrarme a tomar medicamentos.

Mover el cuerpo, bailar a solas o en compañía, al ritmo de músicas que nos transportan y nos ayudan a vaciar nuestra mente del runrún de la cotidianeidad, son sólo algunas de las múltiples opciones a nuestro alcance para sentir nuestro cuerpo pegado a nuestra mente.

Tomar las riendas del cuerpo y el espíritu

Las más jóvenes en la encrucijada de la menopausia se plantean la necesidad clara de cuidarse más física y mentalmente. Parece como si la llegada de ésta actuara a modo de punto de inflexión para asumir el control del cuerpo y del espíritu, tratando de minimizar los efectos presuntamente catastróficos de la menopausia.

Siento un mayor sentido de responsabilidad sobre mí misma, en la necesidad que tengo de cuidarme y fijarme en mí.

Estoy más pendiente de mi cuerpo que antes, de cómo se siente, qué necesita.

Predomina la idea de que ha llegado el momento de llevar una vida sana, el momento de cuidarnos y pensar en nosotras mismas, quizá por primera vez en la vida. Para ello nos planteamos, sobre todo, la necesidad de estar más pendientes del cuerpo que en otros momentos en los que éste era una estructura que nos acompañaba; incluso podríamos decir que iba a nuestro lado, en la carrera cotidiana en la que estábamos inmersas.

La menopausia me ayudó a tomar conciencia de la necesidad de cuidar y fortalecer mi cuerpo con más atención de lo que lo había hecho durante la juventud.

CUIDARNOS	Jóvenes %	Medianas %	Mayores %	Total %
Alternativas de salud: homeopatía, vida sana, medicamentos nuevos	23,81	9,68	3,23	12,59
Control médico; medicamentos clásicos (calcio, antidepresivos)	19,04	19,35	3,23	15,56
Cuidar la alimentación	28,57	12,90	12,90	17,78
Antienvejecimiento, cremas, ropa	19,04	11,29	9,68	13,33
Total	**90,46**	**53,22**	**29,04**	**59,26**

Algunas informantes optan por buscar apoyo en la medicina tradicional, haciéndose controles más frecuentes y tomando aquellos productos farmacéuticos que forman parte del acerbo cultural de la menopausia: calcio —por aquello de la osteoporosis—, ansiolíticos y antidepresivos, que son la solución que se nos ofrece como paliativo al malestar inespecífico que podemos sufrir en este momento de la vida en el que todo se mueve. Lo último que necesitamos es que adormezcan nuestro espíritu, necesitado como está de la máxima alerta para reconducir con éxito los caminos tortuosos de nuestra historia afectiva, profesional y económica:

Para las alteraciones de humor, mi mejor estrategia ha sido darme cuenta de ello.

También parece haber una tendencia creciente, tímida aún, a cuidarse mediante otras alternativas de salud, entre ellas la homeopatía. Aunque en un número muy reducido, algunas mujeres buscan una intervención en salud menos agresiva y más compasiva. Todo ello se engloba dentro de la reflexión central sobre que ha llegado el momento en que finalmente nos tomamos en serio, hacemos un alto en la carrera que llevamos hacia ninguna parte y tomamos medidas que nos acerquen a nuestros cuerpos y nuestras vidas.

Gustarnos

Bajo el mismo paraguas del cuidarse más personalmente, y muy relacionada con otras estrategias que tienen que ver con la belleza o la lucha contra el fantasma de la vejez, se encuentra la determinación de cambiar el estilo de alimentación. Algunas optan por hacerse vegetarianas. Pero, sobre todo, ha llegado el momento en que se hace evidente la necesidad de controlar la ingesta, comiendo menos y mejor, con el fin de contrarrestar la tendencia a coger peso que se da con el cambio hormonal. Perder peso es una de las preocupaciones de las mujeres después de la menopausia, cuando, en la medida en que nuestro sistema endocrino quema menos calorías, tenemos mayor facilidad para engordar. Un estilo de vida que incluye el ejercicio físico y una alimentación saludable y controlada supone un elemento imprescindible en este momento personal.

Mantenerme en el peso de siempre, comiendo equilibrado.

En este mismo ámbito se reseñan otras estrategias dirigidas al mantenimiento de una imagen corporal con la que podamos seguir identificándonos. El programa de belleza de nuestro cuerpo incluye tratamientos para la piel y la depilación facial y corporal. La cirugía, esa tentación milagrosa, pasa por nuestra cabeza para acabar de una vez por todas con eso y aquello que nos martiriza: las arrugas, los depósitos de grasa. Todo extirpado.

218

No acepto cirugías, soy como soy.

Las estrategias de belleza en sentido estricto se plantean de una manera más decidida en los primeros tiempos de la menopausia en los que el «pánico menopáusico» es más evidente. Identificarnos con la nueva imagen corporal, a veces cuesta trabajo, ancladas como estamos en el imaginario juvenil del mito de la belleza.

Intento identificarme con mi nueva imagen aunque me está costando trabajo.

Luchar contra el envejecimiento tomando antioxidantes, vitaminas A y E, aceite de onagra y otros productos similares, cuyos efectos esperados se relacionan con el antienvejecimiento, suele ser una práctica habitual. También lo es el uso más intensivo de cremas y productos de belleza que, junto con la renovación del vestuario, se espera que contribuyan a minimizar algunos de los efectos del cambio físico que se percibe o que simplemente se teme a partir del descenso hormonal en el que nos encontramos.

Gustar, esa asignatura siempre pendiente, no resulta fácil en la edad mayor. Sentimos que no reunimos algunos de los requisitos del imposible deber de la belleza y para hacer frente a la exclusión afectivosexual con que nos encontramos, algunas se decantan por comprobar en vivo y en directo que siguen resultando atractivas a otros y otras. Se proponen retar el doble código del envejecimiento y crear nuevas realidades que inviertan el modelo.

Tener relaciones sexuales con hombres más jóvenes.

La supuesta e indefectible relación entre menopausia y pérdida de deseo es puesta en duda y se señala que ciertos retos de seducción pueden permitirnos vivir una sexualidad renovada. Más allá de la burocracia sexual de las relaciones de larga duración en las que la pasión ha dejado paso a la sensualidad amable, gustar gusta.

Con una nueva pareja la sexualidad sería diferente. Nada tiene que ver la menopausia con el deseo sexual, sino el tiempo que llevas con la misma persona.

Desdramatizar y otras habilidades

En la medida en que la menopausia se reconoce como una experiencia contextual —algo más que un estricto bajón de hormonas—, numerosas mujeres resaltan la eficacia que puede tener la actitud personal con que nos enfrentamos a este hecho y destacan el papel que desempeñan las intervenciones de carácter psicológico. Algunas de las artes propuestas consisten en recordar que estamos ante molestias pasajeras, que al cabo de un tiempo desaparecerán, y que su vivencia dependerá en gran medida de nuestra capacidad de mirarlas bajo el prisma de esta variable temporal.

Perderle el miedo a esas molestias que seguro pasarán o se minimizarán, se espaciarán.

ESTRATEGIAS PSICOLÓGICAS	Jóvenes %	Medianas %	Mayores %	Total %
Relativizar, desdramatizar. No pensar, ignorar; paciencia, aceptar	9,52	19,35	48,39	22,96

220

Llama la atención que casi el 50% de las mujeres que llevan más años en la menopausia ensalcen las virtudes de la desdramatización de la experiencia. El hecho de no pensar demasiado en ella, de tener una actitud despreocupada y algo «pasota», valorándola como un hecho natural y aceptando con paciencia las posibles dificultades, a sabiendas de que desaparecerán con el tiempo. Todos estos elementos constituyen un buen antídoto frente a la dramatización de los problemas posibles.

He experimentado que lo que sirve son los pensamientos positivos, la armonía con el mundo, relativizarlo todo, tomarse las cosas con calma y concederse regalos a sí misma.

Todo ello requiere estar bien anímicamente y tomarnos en serio nuestro bienestar personal y trabajarlo.

Intentar reírme de los cambios físicos.

Un objetivo claro será mejorar nuestra autoestima poniendo los medios que puedan hacer falta: buscar ayuda psicológica, trabajarnos personalmente desde una posición reflexiva que nos permita conocer nuestros deseos, validarlos y ponerlos en práctica. Todo ello requiere disponer de un tiempo personal y propio, lo cual significa poner límites a nuestra dedicación a los demás. Ponernos en el centro del mundo.

ESTRATEGIAS AUTOAFIRMATIVAS	Jóvenes %	Medianas %	Mayores %	Total %
Autoestima, terapia, conocerme más, trabajo personal, tiempo para mí	19,05	11,29	9,68	13,33

En la misma línea de la «desdramatización» ya señalada, se sitúan las afirmaciones que se refieren a la importancia de plantearse la menopausia con humor y buen talante, valorando las risas compartidas con las que hacer frente a las coyunturas más o menos desagradables con que nos encontramos, gracias a las cuales podemos vivir la experiencia en una comunidad vivencial con otras mujeres.

No pensar tonterías y procurar reír mucho.

INGENIO Y CREATIVIDAD	Jóvenes %	Medianas %	Mayores %	Total %
Soluciones lúdicas/humor	11,90	12,90	9,68	11,85
Abanico/destaparse	16,67	3,23	9,68	8,89

Tener una actitud positiva, ir a bailar, llevar a cabo actividades con el objetivo fundamental de divertirse, poner en juego el sentido del humor y reírse de la situación, compartiendo la experiencia con las amigas que pasan por el mismo momento: todas éstas son estrategias de gran valor, que contribuyen a una vivencia menos abrumada de las posibles molestias de la menopausia.

Lo único que me salvó fue el humor y la amistad.

Mis amigas y yo ya nos podemos reír de lo que nos pasa.

¡Volvió mi buen humor!

Utilizar un pensamiento positivo y ponernos en armonía con el mundo, buscando las situaciones vitales que proporcionan placer y placeres, son actitudes que nos facilitan obtener el bienestar de cada momento, apreciar y valorar lo positivo que da la edad, saber distinguir y valorar las ventajas que la menopausia también aporta.

Aprender a disfrutar de las ventajas que la menopausia también tiene.

Dentro de esta gama creativa el abanico se considera un instrumento fundamental y útil para ser utilizado en cualquier momento en que los sofocos se presentan intempestivamente e incomodan.[6]

Primero quejarme, después abanicarme.

Estrategias de gran valor práctico pueden ser: vestirnos en versión «cebolla», con capas diversas de las que podemos ir desprendiéndonos en función de la temperatura personal, porque ya sabemos que ésta puede no responder a la que marca el termómetro ambiental. La lana y las fibras se han convertido en tejidos difíciles para nuestra piel y nuestra temperatura corporal. Preferimos el equilibrio del algodón, el lino y las fibras naturales que regulan la temperatura con mayor fluidez. Ya no soportamos los jerseys de cuello alto, los edredones nórdicos, y disfrutamos el placer que nos ofrecen las ventanas abiertas y el aire fresco.

Las estrategias a la hora de dormir son del mismo tipo: ropa ligerita y la posibilidad de destaparse y taparse a conveniencia

6. El abanico, reconocido por numerosas mujeres en la menopausia como una estrategia eficaz, barata y saludable, fue propuesto para ser incluido en las Recomendaciones de una Guía de Práctica Clínica elaborada por varias sociedades científicas, pero fue rechazado por falta de «evidencia acreditada» sobre sus beneficios. Agradezco a Ana Delgado esta información.

(que puede dar pie a interesantes negociaciones con la pareja en cuanto a las habitaciones, las camas, la ventana, las noches, etc.). Prescindir de las comidas muy especiadas, de las bebidas calientes, del alcohol, de los estimulantes tipo café, té, cola, puede servir para disminuir la intensidad y frecuencia de los sofocos —todo un poco de santoral, ciertamente.

Cadenas de palabras y redes de apoyo

Se ensalza, también, el papel de los vínculos y de la comunicación en este periodo en el que las amigas, la solidaridad que con ellas se disfruta, el placer de pasear, conversar, compartir, se evalúan como elementos de gran valor emocional y estratégico.

Lo único que me ayudó es la solidaridad de las amigas.

Ya hemos visto que la posibilidad de intercambiar experiencias con otras mujeres que se encuentran viviendo esta circunstancia se convierte en un elemento terapéutico importante. Así como en otros tiempos los temas que compartíamos con las amigas eran las criaturas y las coyunturas profesionales, ahora el tema socializado entre nosotras es la experiencia menopáusica. Cuando no se ha dispuesto de esta posibilidad se la echa en falta, reconociendo que esta coyuntura se hubiera vivido de manera diferente si se hubiera dispuesto de un grupo de mujeres con quienes compartir las experiencias, las inquietudes, las estrategias y los proyectos. Las emociones.

La familia, las hermanas, la pareja, como depositarios de las inseguridades, temores y proyectos, también se identifican como fuentes de apoyo y beneficio en este tiempo del ciclo vital. La comunicación y participación de las inquietudes y ma-

224

VÍNCULOS	Jóvenes %	Medianas %	Mayores %	Total %
Fomentar la comunicación con las amigas	14,29	12,90	3,23	11,11
Familia, hablar con la pareja	14,29	8,06	3,23	8,89

lestares a las personas más próximas hace visible —sin necesidad de dramatizar— el momento vital en que nos encontramos e invita a la comprensión del ciclo vital como un proceso no lineal. Aunque para algunas mujeres separarse de su pareja y asumir individualmente la vida y sus procesos ha sido el remedio adecuado a su momento personal.

Mis estrategias: tomar Seroxat y separarme de mi marido.

Queremos tener la menopausia y poder mostrarla

La construcción vergonzante de los procesos femeninos, que se inicia con el pudor que sentimos cuando tenemos la regla por primera vez y se mantiene en el sigilo que mes a mes guardamos respecto a nuestra menstruación, tiene uno de sus hitos en la vergüenza que sentimos en la menopausia. No queremos hacerla pública. No queremos que los demás piensen: «está en la edad difícil» (como si las otras fueran más fáciles). El estigma de la menopausia hace que resulte difícil «mostrar» socialmente que se está viviendo este periodo de la vida. La exclusión afectiva y social que genera está en el origen del silencio que la rodea. Además, en nuestra cultura, se espera que cualquier proceso «femenino» —la menstruación, la menopausia— sea vivido con discreción, como si nada ocurriera. Sin incomodar a los varones con nuestras nimiedades.

225

Tenemos una conciencia clara de estar marcadas por el estigma de la menopausia. Somos «menopáusicas» y sólo afirmando, mostrando públicamente nuestra calidad de tales podremos validar la naturalidad de este proceso; con la certeza de que sólo la evidencia de nuestra realidad física, psicológica, mental y sexual puede vencer el estigma. Por todo ello, entiendo que tienen un gran valor transformador y liberador las reflexiones —aunque sean escasas— que se refieren al temor que tenemos a «pregonar» socialmente que estamos en la menopausia. Los sofocos, el cambio corporal, etc. de alguna manera indican también que hemos llegado a «cierta edad». Que nos estamos haciendo mayores. En opinión de algunas mujeres, el silencio temeroso al respecto es una mala estrategia y señalan los beneficios personales y colectivos que tiene conversar sobre el tema, hablar, hacerlo presente en las conversaciones familiares y sociales. Podemos entenderlo como una buena fórmula para que las personas que nos rodean puedan vernos como seres inmersos en la vida, en el cambio, en las transformaciones que importan. Y también como parte del rito de transición: la visibilidad y normalización de la menopausia.

> Vivirla con naturalidad, sin esconderme de mostrar al que me rodea la edad, la nueva etapa y todo lo que ella también aporta.

Conversar sobre la experiencia con otras mujeres que se encuentran viviendo un momento similar proporciona la tranquilidad de saber que las cosas que nos pasan, que sentimos o que tememos, también les ocurren —o no— a otras, pero que en última instancia no van a arruinar nuestra vida, sino que podemos hacerles frente con humor y sabiduría.

La mejor estrategia, hablar sobre el tema.

Algunas situaciones personales pueden hacer más difícil «mostrar» socialmente la menopausia. Así, algunas de las mujeres que llevan más tiempo en la menopausia y vivieron tiempos de mayor ocultismo, y especialmente aquellas que la experimentaron de manera traumática, hacen hincapié en que trataron de que nadie se diera cuenta de lo que estaban viviendo.

Nadie observó que estuviera atravesando esa etapa de mi vida.

El hecho de que sean las mujeres más jóvenes las que identifican las ventajas de hablar del tema, de no ocultarlo socialmente, nos puede indicar que se está produciendo un cambio en la presión social al respecto: quizá la menopausia está dejando de ser otro de los secretos mejor guardados en la vida de las mujeres, para devenir un momento vital como cualquier otro, lo cual conlleva una disminución de la percepción social del estigma.

En definitiva, las diferentes estrategias propuestas inciden todas en la necesidad de hacernos cargo de nuestro cuerpo y nuestro espíritu, aprovechando la menopausia como una oportunidad para mirar hacia dentro y, al amor de la experiencia de nuestras amigas y compañeras, lanzarnos a la exploración de campos desconocidos hasta el momento que nos devuelven a la risa, al placer, a la salud y al dominio de nuestro cuerpo. Entiendo la menopausia como una oportunidad para asumir la responsabilidad consciente de nuestra salud. Una oportunidad que no debemos dejar escapar, para poder disfrutar las cuatro décadas que nos quedan por delante de un bienestar físico y psicológico de gran valor.

A modo de hoja de ruta

Son muchas las estrategias que nos pueden ayudar a envejecer con armonía. He elaborado una pequeña carta de navegar, en la que incluyo los aspectos que me parece que abarcan de manera más general nuestra vida de mayores. No son las únicas. Cada una de nosotras deberá pergeñar su propia hoja y modificarla según el momento y el deseo.

1. Cuida tu alimentación (variada y rica en frutas, verduras, fibras vegetales y calcio).
2. Vigila tu peso (come menos y más sano, haz ejercicio).
3. Lleva una vida activa física y mentalmente (muévete, anda; evita las adicciones: tabaco, café, amor, trabajo. Lee, profundiza, memoriza).
4. Descansa bien (dormir menos horas no es el problema).
5. Sensualízate (activa tus sentidos, usa la piel, actualiza tu sexualidad).
6. Escucha tu cuerpo y tu mente (quiérete, cuídate, tómate en serio).
7. Busca la paz interior y la armonía exterior (haz relajación, meditación, mira, evita el estrés).
8. Identifica los nudos de malestar y enfréntalos (abandona la compasión fuera de lugar, habla).
9. Cuida tus afectos y relaciones (manténte conectada, fomenta la intimidad, la comunicación, traza lazos para la libertad).
10. Participa en la comunidad (encuentra espacios de relación e intercambia saberes).

14

El silencio y la voz

> Recientemente nos hemos dado cuenta no sólo
> del silencio de las mujeres, sino también de la difi-
> cultad para escuchar lo que dicen cuando hablan.
>
> CAROL GILLIGAN[1]

En este pequeño libro he pretendido acercarme a la comprensión de la vivencia de la menopausia, utilizando la experiencia de las mujeres como punto de partida, escuchando su propia voz y mostrándola, de manera que otras mujeres puedan identificarse y comprender sus procesos personales. He utilizado sus voces, su subjetividad, para conocer cómo vivimos nuestra menopausia, cómo entendemos el cuerpo y la salud en este momento de la vida, y cómo afrontamos el envejecer; es decir, cómo las mujeres nos embarcamos en el viaje evolutivo, a partir de la mediana edad.

En la investigación clínica y epidemiológica domina un discurso sobre la menopausia en el que se prescinde de las narraciones de primera mano. Los estudios se alejan demasiado de la experiencia vivida por las mujeres. Hay mucha investigación que plantea el enfrentamiento dialéctico entre las diferentes posiciones y teorías y poca que se centre en lo que

---

1. Gilligan, Carol (1982/1991), *La moral y la teoría. Psicología del desarrollo femenino*, México, FCE, pág. 174.

significa tener un «cuerpo menopáusico», cómo las mujeres nos sentimos y cómo reaccionamos ante él. ¿Dónde están las mujeres en este tipo de investigación? Tampoco sabemos demasiado qué pasa con la dimensión «pública» de nuestros cuerpos, con su apariencia externa, cómo la llevamos ahora que todo es diferente. Al fin y al cabo, el grueso de la experiencia menopáusica es corporal, físico, y puede ser vivido de muchas maneras, positivas o negativas, dependiendo de los contextos sociales y culturales en que nos encontremos. ¿Dónde podemos encontrar la comprensión de la vivencia subjetiva del cuerpo, más allá de su representación cultural?

Las mujeres, expertas en nuestro cuerpo, podemos ofrecer una versión imprescindible de este proceso personal y queremos ser parte integral de la discusión menopáusica. Como mujeres responsables, al fin, de nuestra salud, necesitamos comprender y definir por nosotras mismas, sin autoridades interpuestas, la evolución de nuestro cuerpo. Sentimos la responsabilidad de compartir entre nosotras lo que vamos sabiendo y conociendo, para contribuir a que se produzca un cambio real en la vida de todas y cada una. Queremos hacer palanca con nuestra palabra y nuestra experiencia y cambiar el mundo.

Para ello necesitamos disponer de una información veraz y ajustada a la realidad. Una información liberadora, a través de la escucha, el diálogo, y la acción, que nos permita tomar decisiones acerca de nuestra salud basadas en nuestras necesidades reales. En este largo recorrido de toma de posesión de nuestro cuerpo, necesitamos una educación para la salud y el bienestar psicológico en la mediana edad y la vejez, teniendo en consideración la experiencia de las mujeres y el sentido cultural de la menopausia.[2]

2. Casi a punto de terminar este trabajo —a raíz de un encuentro fortuito con

Las investigadoras feministas llevamos años abogando por una conceptualización de la menopausia como una coyuntura compleja en la que confluyen importantes variables de carácter psicológico, social y cultural que explican y configuran la experiencia de las mujeres. Hemos planteado la necesidad imperiosa de que se lleve a cabo una investigación que escuche más de cerca las diferentes voces de las mujeres sobre esta transición, sin olvidar la vida de las mujeres posmenopáusicas. Todo ello con el fin de ofrecer otras visiones de la menopausia más acordes con los tiempos que corren, que nos ayuden a disipar las ideas estereotipadas que limitan nuestra vida y que pretenden marginarnos.

La menopausia, ahora que la vida es tan larga, no se identifica forzosamente como una inflexión clave que nos pone en la puerta de entrada de la vejez, aunque para un buen número de mujeres sí es un acontecimiento «gatillo», es decir, un momento mágico que precipita una reflexión profunda y una búsqueda que lleva a un crecimiento interior. A lo largo de la vida se producen otros momentos de este tipo, que suponen una

---

María Fuentes— he podido leer su interesante trabajo llevado a cabo en Jerez de la Frontera (Cádiz), en el que las autoras también trataron de obtener una percepción subjetiva de la menopausia. Me divierte comprobar que en la presentación afirman: «Es una visión que pone en cuestión la *versión oficial*» (la cursiva es mía). Coincidencia, también fortuita, con el título de mi libro que me reafirma en la idea de que la prevención hacia «la versión oficial» no es una manía exclusivamente mía. En este trabajo las autoras hacen una aproximación a la subjetividad de la menopausia cuyos resultados muestran una gran cercanía a la vivencia de mis participantes, a pesar de la diferencia sociocultural y educativa de ambas poblaciones. Coincidencias que son algo más que eso, probablemente un clamor que poco a poco vaya extendiéndose en la voz de todas y cada una de nosotras. Fuentes Caballero, María y Viaña Real, Pilar (2001), *La menopausia, ¿otro riesgo para la salud u otra oportunidad para la vida? Aproximación al estudio biopsicosocial en torno a la menopausia*, Manuscrito no publicado, Jerez de la Frontera (Cádiz).

oportunidad para el balance y la evaluación personal, como la jubilación, la pérdida inesperada de seres queridos, el paro, entre otros.

Sin embargo, aunque veamos la menopausia como un proceso natural y esperable, también es cierto que, dadas las fuertes connotaciones peyorativas que la sociedad le atribuye, tenemos que hacer un gran esfuerzo mental para contrarrestarlas. Probablemente, sólo la conversación sostenida con nuestras amigas, que también están tratando de sobreponerse a tanta confusión, y la risa compartida, sean el antídoto a tanta oscuridad. Un camino para la vivencia equilibrada de las luces y sombras de este interesante y rico periodo, que nos puede devolver a nosotras mismas.

La pelota del conocimiento científico y subjetivo sobre la menopausia está en el tejado, tanto de la comunidad científica como de nosotras mismas, que somos, al fin y al cabo, las implicadas en el tema. Tanto el conocimiento científico como el que se deriva de nuestra experiencia de mujeres menopáusicas avanzan y se transforman gracias a los discursos y contradiscursos de las diversas posiciones ideológicas. También las prácticas cotidianas del envejecimiento —lo que todas y cada una de nosotras ponemos en el centro de nuestra vida diariamente, cómo nos mostramos— modifican nuestra posición en el mundo como mujeres mayores, como futuras mujeres viejas. Estas prácticas cotidianas están construidas tanto por nuestra experiencia subjetiva como por la circulación global del conocimiento, y permiten que otras mujeres, mayores y jóvenes, miren su envejecer presente o futuro con mayor tranquilidad, con la seguridad de que otra menopausia, otra vejez, es posible.